施行教學、訓導與輔導方案經驗

輔導方案經驗

——以台灣彰化縣個案為例

林美惠、陳靜玉、莊財福・著

前言

　　教學、訓導、輔導工作之推動，目的在於改善校園輔導文化，提供學生們豐富與優質的輔導資源，期能有效降低學生偏差行為。在台灣教育部訓育委員會曾推動「教學、訓導、輔導三合一整合實驗方案」，雖推動迄今方案名稱已歷經多次變更，然此一關於教學、訓導、輔導之方案，在台灣校園的教學、訓導、輔導實屬非常重要之政策。本書作者群深感偏遠地區政令落實之不易，因此以方案作為本書探討之範圍，針對個案國民小學實施教學、訓導、輔導方案之歷程、影響方案施行之因素、遭遇之困境與因應策略，以及施行之效益。

　　本書採取質化研究，以行動研究方法採訪談、觀察、文件資料與反省札記等方式進行資料蒐集，最後加以整理與分析，歸納出本書對此方案推動之經驗結果為：1.希望國小推動教訓輔三合一方案的歷程，從實施初期的漠然，經過行政人員的積極宣導與雙向溝通，最後獲得全體教職員的共識，進而齊心推動方案。2.校長的介入督導、主任的協調規劃、教師的配合執行與家長的支持協助，是希望國小實施教訓輔三合一方案成敗的影響因素。3.教師對方案的認知程度、輔導專業能力及時間的不足，會直接影響輔導品質。教師評鑑制度建立困難、家長參與意願薄弱與評鑑項目繁多，則是行政人員實施初期的困擾與負擔。4.針對實施遭遇困境，提出的因應策略包括：注重雙向溝通、提昇教師輔導知能、整合校內外輔導資

源、建立教師檔案、鼓勵家長參與、設置成果分享平台，讓希望國小實施教訓輔三合一方案的困境獲得實質的改進。5.實施此方案的效益有：整合學校資源、提昇教師專業知能、有效學生學習輔導、改善與社區輔導資源的關係，以提供學生優質而充滿輔導文化的學習環境。

最後，期能透過本書提供之相關個案對教學、訓導、輔導方案工作推動之結果、結論與建議，作為關心此議題之社會大眾與教育單位之參考資料，此為本書出版之最大目標與貢獻。

An Action Research on the Pilot Plan of an Integrated Assistance System for Instruction, Discipline and Guidance in Elementary Schools: A Case Study of Changhua County in Taiwan

The pilot plan of an integrated assistance system for instruction, discipline and guidance is a very important policy set by the Ministry of Education in Taiwan. It could be a useful way to reduce deviation behavior of students and to improve consultation culture of schools. The author of this book is a full time teacher and is in charge of the pilot plan. Therefore, this action research was chosen in order to obtain useful materials from academic research and apply on the educational administration practice for schools.

The main purpose of this study is to investigate the reality, difficulty, benefit and effectiveness of implementation of the pilot plan of an integrated assistance system for instruction, discipline and guidance at the case school in the book.

In this book, data would be collected by the following methods, i. e. the interview, the observation, the document and the teachers' note. Conclusions could be made after all the analysis has been completed. The findings of the book are as follows.

1. In the process of carrying out the pilot plan at the case in the book, the administrators' active promotion and dual communication eliminate the indifference at the initial executing stage ,and obtain the general sense of the whole staff to carry out the plan together.

2. The factors that influenced the results of carrying out this plan are: principal's supervision, director's co-ordination planning, teachers' co-operation and parents' support.

3. The extents of teachers' cognition about this plan, professional guidance ability and insufficient time will influence the quality. The difficulties of establishing teacher appraisal system, lack of parents' participative volition, and manifold appraisal items are the administrators' obsession and burdens at the initial executing stage.

4. The tactics to solve these difficulties include: emphasizing on dual communication, promoting teachers' guidance knowledge and ability, integrating resources, establishing teachers' data, encouraging parents to participate and setting up an achievement sharing platform to the case guidance culture become positive.

5. The useful results of this plan are: integrating school resources, promoting teachers ' professional knowledge and ability, effecting students learning guidance and improving the relationship between school and community guidance resources.

目　次

第一章

緒論

　　隨著我國社會走向工業化與都市化，社會結構快速分化，大量
人口湧向都市，青少年的成長環境與生活情況發生巨大變化，來自
父母的關心與照顧較以往明顯減少（侯崇文，2003）。再加上目前
社會日益多元、競爭、開放，連帶影響社會結構與價值觀念，原有
道德規範與行為準則亦漸趨式微，因而導致層出不窮的青少年問
題，包括：貧窮、犯罪、剝削、虐待等，日趨嚴重。蔡德輝、楊士
隆（1999）的研究調查指出臺灣的少年犯罪狀況，其研究結果顯示，
在少年殺人事件方面，由 1988 年的 355 人犯罪，至 1997 年增至
640 人，增幅達 80.28%；性侵害事件則由 1988 年的 150 人犯罪，
至 1997 年增至 407 人，增幅更達 171.33%，研究結果顯示少年殺
人和性侵害犯罪有日趨惡化之趨勢。此外，根據聯合報系民意調查
中心在 2002 年 8 月中旬做了一次有關民眾對治安的看法，調查發
現，青少年犯罪、毒品與強盜搶奪是民眾最憂心的三大犯罪類型，
其中有 27%民眾最為擔心青少年犯罪問題，26%民眾擔心吸毒問
題，而有 22%民眾擔心強盜搶奪。青少年問題帶給台灣民眾的壓力
可見一斑，有的父母擔心自己小孩越來越難管教，有的則擔心自己
的小孩成為不良少年，也有的則擔心自己的小孩成為受害人。因
此，「青少年犯罪問題」儼然成為社會上不容忽視的一環。

　　研究青少年犯罪專家、學者認為，學業中輟可能是犯罪之初端，中輟生可以說是產生犯罪行為的高危險群（商嘉昌，1994；楊曙銘，1998；蔡德輝、楊士隆，1999），因此近年來各相關機關不斷加強中輟學生之復學及輔導。根據法務部 2004 年 6 月公佈資料，顯示近年來中輟學生之犯罪人數占全體犯罪總人數的比率有逐年下降的趨勢，自 1999 年之 20.58%（3,685 人），2000 年之 18.49%（2,931 人），2001 年之 17.80%（2,649 人），2002 年之 17.67%（2,442 人），2003 年更降為 16.31%（1,901 人）。中輟學生占非在學學生犯罪人數的比例也逐年下降，自 1999 年之 46.66%，下降為 2003 年之 34.84%，情況已有改善，顯示 1998 年起推動跨部會合作之「中途輟學學生通報及復學輔導方案」，已發揮正面績效，不過，中輟學生犯罪問題仍有賴於持續加強推動中輟學生之復學及輔導工作（法務部，2004a）。

　　廖鳳池（1993）從認知心理學的觀點出發，認為少年時期身心發展迅速，苦惱特別多，犯罪問題常是各界關心與頭疼的焦點，但其根本解決之道在從小紮根，透過教學及活動輔導學童，協助發展正向自我意像（self-image），養成其正確的判斷力與價值觀。政府為有效推動教育改革工作，改善校園輔導文化，降低少年偏差行為發生，因此行政院教育改革審議委員會在 1996 年提出「學校應行訓輔整合，建立學生輔導新體制」之建議，其後再進一步將「結合社區資源，建立教學與訓導、輔導三合一學生輔導新體制」列為十二項優先教改行動方案之一，成為我國當前最重要教育政策之一。

　　自 1999 年起至 2003 年止，教育部在教育改革行動方案當中，針對第十一項方案「建立教學、訓導、輔導整合的輔導新體制」，共編列 1,380,000 仟元（包括：（一）建立教學、訓導、輔導整合的

輔導新體制 230,000 仟元；（二）加強輔導國民中小學中途輟學學生 1,075,000 仟元；（三）建立訓輔工作諮詢服務網絡 75,000 仟元），此項目佔教改十二項方案執行總經費 157,072,416 仟元的 0.88%（教育部，1998c）。由此，顯示出政府在推動此方案上，願意投注更多的經費，企盼藉此提昇校園輔導文化，改善嚴重之少年問題，從而減少社會成本的支出。因此，若能成功推展此方案，將進一步導正少年偏差觀念，並促使其降低犯罪動機，繼而達到預防之功效，相信必然對整個社會有很大助益。

　　教育部規劃教訓輔三合一整合實驗方案自 1998 年 8 月開辦，教育部訓育委員會自 1998 年函頒推動「學生輔導新體制教學、訓導、輔導三合一整合實驗方案」後，當年國內許多學者、教師，甚至主管教育行政機關對此均十分關切。在 2003 年達到全面試辦的目標，但因為彰化縣起步較晚，直到九十一學年度才在縣內 172 所國小中挑選 59 所國小進行試辦，至九十二學年度起，縣內新增三所國小，共計 175 所國小全面參與試辦。本書作者深感偏遠地區政令難以普及，故以此方案作為研究的主題及範圍，除了可讓學術研究與教育行政實務相互為用得到印證，更企盼藉由本行動研究，增進學校教育功能，強化教師輔導專業知能，同時，亦可瞭解本書中個案國小實施教訓輔方案之經驗，深入探討影響實教訓輔方案之因素、施行時遭遇之困境與因應策略，以及施行之效益，可將此經驗歷程成為相關教育與行政單位之參考。於此須特別一提的是，教育部已在 2005 年起將教訓輔三合一方案併入學生訓輔（友善校園）工作項目內，雖然方案名稱更改為「學生輔導新體制」，但其精神與內涵與原案無異。

第二章

文獻探討

　　本章針對與本書相關之文獻進行探討與分析，分為以下五節進行討論：第一節教訓輔三合一方案發展與內涵分析，第二節教訓輔三合一方案的理論基礎，第三節彰化縣國民小學教訓輔三合一方案實施現況，第四節教訓輔三合一方案相關研究，第五節行動研究。

第一節　教訓輔三合一方案發展與內涵分析

　　1994 年 9 月 21 日行政院成立「行政院教育改革審議委員會」，於 1996 年提出「教育改革總諮議報告書」，揭櫫教育改革五大方向：一、教育鬆綁；二、帶好每個學生；三、暢通升學管道；四、提升教學品質；五、建立終身學習社會。嗣後，教育部參照「教育改革總諮議報告書」之具體建議，提出「十二項教育改革行動方案」，「建立學生輔導新體制方案」為其中第十一項方案，即當前大家所謂的教訓輔三合一方案。其正確的全稱係教育部 1998 年 7 月 21 日函頒之「建立學生輔導新體制—教學、訓導、輔導三合一整合實驗方案」（教育部，1998a，1998b）。以下茲就此方案的發展與內涵進行分析探討。

一、發展

（一）源起

　　教訓輔三合一方案其發展源由有二：遠因為行政院教育改革審議委員會，在 1996 年「教育改革總諮議報告」中所提建議「學校應行訓輔整合，建立學生輔導新體制」，是以教改總諮議報告是促成本方案的遠因，並且其最主要的內涵為「訓輔整合」工作。近因則為 1998 年初發生的清華大學研究生不幸案——碩士班學生居然利用其專業所學，殺害同學後又調製「王水」試圖毀屍滅跡，因而引起國內各界人士的震驚，從而關切學生輔導問題。當時的教改推動小組召集人行政院副院長劉兆玄先生，認為學生之所以會發生類似問題，單靠訓導及輔導人員的努力仍有未逮，必須設法鼓勵所有的教師投入學生的輔導工作才能根本解決問題。因而，行政院核定本方案時，明確提示：「學校應結合社區資源，建立教學與訓導、輔導三合一之輔導新體制」。所以，清華大學的研究生不幸事件可以說是促成「訓、輔整合」進一步走向「教、訓、輔三合一」的直接因素（鄭崇趁，2000a）。

（二）推動進程

　1. 成立「建立學生輔導新體制規劃委員會」：

　　　　教育部會同省市、縣市教育廳局，結合學者專家，於 1998 年 6 月成立「建立學生輔導新體制規劃委員會」，規劃

策定實驗方案，執行重要工作，截至 1990 年底有規劃委員四十五位。

2. 方案正式公布：

1998 年 7 月 21 日教育部訂頒「建立學生輔導新體制—教學、訓導、輔導三合一整合實驗方案」及總說明（教育部，1998b）。

3. 建立學生輔導新體制規劃委員會設置要點：

於 1998 年 7 月 31 日訂頒本要點，同時明確提列本案規劃委員會之主要任務，包括下列六項：

(1) 策訂建立學生輔導新體制實驗方案。

(2) 審議建立學生輔導新體制實驗學校及其實驗計畫。

(3) 研議實驗學校實驗期間衍生問題解決策略。

(4) 研議實驗學校調整行政組織之員額及經費問題。

(5) 定期評估「建立學生輔導新體制」實驗績效。

(6) 審議國立學校及省立、縣市逐漸擴大實驗學校規模。

4. 建立學生輔導新體制督導小組：

省市政府教育廳局於 1998 年 8 月成立，負責遴選推薦實驗學校及督導所屬學校實驗工作之進行。各縣市政府於 1999 年 3 月成立，負責推廣國中小實驗學校及督導工作。

5. 1999 年 9 月 6 日訂頒「建立學生輔導新體制—教學、訓導、輔導三合一整合實驗方案」申請試辦實施要點，使學校申請試辦有所依據。

6. 遴選實驗學校：

由於本方案牽涉學校體制之變革，須審慎進行，其採行策略如下：

先做小型規模實驗→評估後→擴大為中型規模實驗→再評估→確定可行→修法→再逐步擴大全面實施。

教育部依據八十七學年度實驗成效為基礎，規劃逐年擴大推廣實驗學校。預計八十八學年度增至每縣市均有學校參與，八十九學年度配合修訂各級學校法規後，九十一學年度前全面實施（教育部 1999b；何進財，1999；韓瑞霞，2001）。

7. 各實驗學校成立「建立學生輔導新體制執行小組」，於每年五月底前擬定實驗計畫，六月底前提送審議，七月底前經核定後據以執行。

8. 實驗學校因實驗之需要，得依據相關標準，調配學校教職員總員額，設置專任輔導教師及專業輔導人員；如為配合整體實驗方案之需要，必須增加員額時，得敘明理由，提報「建立學生輔導新體制規劃委員會」審議。

9. 教育部應配合實驗方案之進程，定期辦理各項研習與傳承活動，並擇定各層級一所中心學校，負責邀集同一層級實驗學校人員定期討論，研議實驗工作衍生問題與改進措施。

10. 教育部應配合實驗方案之進程，定期彙集實驗成果，印製各種輔導工作手冊，推廣實驗成效。

11. 教育部及省市、縣市政府教育廳局應配合本實驗計畫之進程，指定專人執行相關業務。

12. 參與實驗學校第一年所需經費由教育部教改經費中優先支援，第二年起即依據經常性業務運作辦理，教育行政主管機關依實驗績效擇優補助之。

13. 本方案所需經費除實驗學校補助款由教改經費另行支援外，由「青少年輔導計畫」年度經費額度優先勻之。

二、內涵分析

（一）意義

　　學生輔導工作必須整合校內、校外輔導人員力量資源共同投入，始能達成初級預防、二級預防、三級預防之各項專業服務工作。所謂初級預防是針對一般學生及適應困難的學生進行一般輔導；二級預防是乃針對瀕臨偏差行為邊緣之學生進 行較為專業之輔導諮商；三級預防是針對偏差行為及嚴重適應困難學生進行專業之矯治諮商及身心復健（何進財，1999）。整體架構如圖 2-1-1 所示，如下。

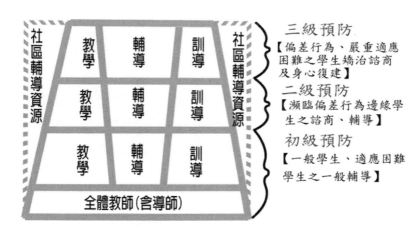

圖 2-1-1　教學、訓導、輔導三合一架構圖

資料來源：何進財（1999）。教、訓、輔三合一方案實施策略與未來展望。頁 3。

再者，教訓輔三合一方案其主要內涵分：1.組織功能的三合一；2.輔導專業機制的三合一；3.教師效能的三合一；4.輔導資源的三合一四方面，茲分述如下（蔡培村，2001）：

1.組織功能的三合一

(1) 架構整合：教務處、訓導處、輔導處組織的三合一，學校在執行計畫時，必須具備整合觀念，三個單位要強化團隊合作，等到最後評估考核時，更要帶著學習的心情加以省思，確實達到下列整合功能。

＊強化輔導室功能。

＊「教輔合一」──教學規劃與學生輔導結合。

＊「訓輔合一」──學生活動與生活輔導結合。

＊「教訓合一」──課程規劃與班級經營結合。

＊「教訓輔合一」──建立系統整合，發揮教育功能的行政效能。

(2) 歷程的結合：從行政運作的過程看三合一，組織重整可經由歷程的結合，逐步建構有效的組織架構，發展團隊合作的機制，創造有效的學習組織，建立危機管理的行政體系，如圖 2-1-2。

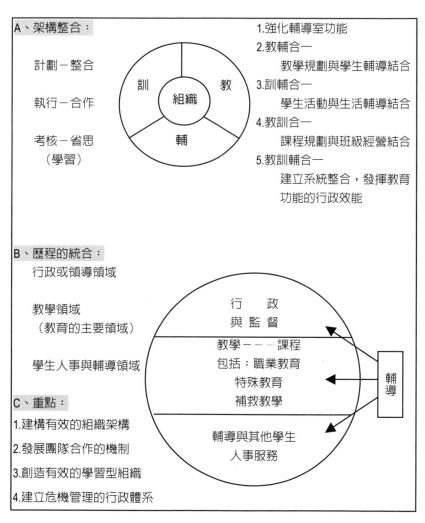

A、架構整合：

計劃－整合

執行－合作

考核－省思
（學習）

訓　　　教
組織
　　輔

1.強化輔導室功能
2.教輔合一
　　教學規劃與學生輔導結合
3.訓輔合一
　　學生活動與生活輔導結合
4.教訓合一
　　課程規劃與班級經營結合
5.教訓輔合一
　　建立系統整合，發揮教育
　　功能的行政效能

B、歷程的統合：
　　行政或領導領域

教學領域
（教育的主要領域）

學生人事與輔導領域

C、重點：

1.建構有效的組織架構

2.發展團隊合作的機制

3.創造有效的學習型組織

4.建立危機管理的行政體系

行　　政
與　監　督

教學－－－課程
包括：職業教育
特殊教育
補救教學

輔導與其他學生
人事服務

輔
導

圖 2-1-2　組織功能的三合一

資料來源：吳武典（1983）。學校輔導工作。頁 59。

2.輔導專業機制的三合一

　　每位老師都有教學、輔導的職責，因此必須把輔導融入教學，達到行為辨識、班級經營、認輔關懷的初級輔導機能。當老師無法處理學生的行為偏差行為時，則可轉介給輔導室做診斷諮商、生涯輔導、危機防範。更嚴重的特殊問題需要矯治時，則與社區網路結合，商請諮商師、心理師或社工人員做心理治療及心靈復健。總之，輔導專業的三合一的重點是建立學生輔導諮商的有機體系，建立預防性、專業性、治療性的分工，強化教師預防輔導的知能，發揮輔導整體與連貫的效益，如圖 2-1-3。

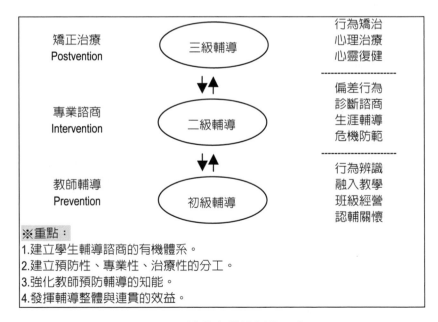

圖 2-1-3　輔導專業機制的三合一

資料來源：蔡培村（2001）。教訓輔三合一的理論基礎。頁9。

3.教師效能的三合一

教師是一個專業的角色，應該具備如圖所示的教學、訓導、輔導這方面的效能，尤其要強化整體的專業認知，培養融入式的教學知能，發展在教、訓、輔工作的學習機制，才能促進教學與輔導的融合，如圖 2-1-4。

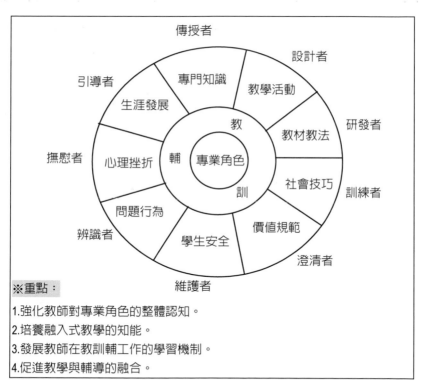

圖 2-1-4　教師效能的三合一

資料來源：蔡培村（2001）。教訓輔三合一的理論基礎。頁 10。

4.輔導資源的三合一

　　親師合作是目前教育發展的重點，現在各級學校幾乎都會借用社區組織與人力資源來協助辦理各項活動，拉近彼此距離。專業輔導系統包含輔導網路，它非但有社區支援，也有醫體系可供運用如圖 2-1-5 所示，因此輔導資源的三合一重點在：

　　(1) 建立親師合作的體系；

　　(2) 建構社區聯防的輔導機制；

　　(3) 結合社區人力資源，增強或拓展輔導的功能（如義工）；

　　(4) 善用社區組織，發展全面性輔導的網路。

　　教訓輔三合一輔導新體制推出實驗以來，對於「三合一是什麼？」解讀各不相同。有的擴大解釋為整個教育活動的三合一；有的持狹隘的觀點，將三合一解讀為諮商輔導上的三級預防，眾說紛云，莫衷一是（韓瑞霞，2001）。茲將相關於教訓輔三合一方案之意義彙整於表 2-1-1，如下：

表 2-1-1　教訓輔三合一方案之意義彙整

研究者	年代	意義
何進財	1999	「三合一」含有交互作用、整合發展之意，學生輔導工作在校內必須整合一般教師（教學人員）、訓育人員以及輔導人員力量，在社區與校際間，則必須結合整體社區輔導資源共同投入，始能達成初級預防、二級預防、三級預防之各項專業服務工作。
鄭崇趁	2000	在讓學校的行政組織發揮最高功能，同時也帶動全校師生最優質，具有輔導文化的學校組織氣氛，形成一種積極、人性、士氣高昂、交互支援、和諧共榮的學校次級文化。

李錫津	2001	尋求「學科教學與輔導」、「訓育生活與輔導」、「學校行政運作與輔導」相融合的機制與作為，讓輔導的理念完全、完整的融入各科教學、生活訓育，以及學校各部門的行政運作之中，讓校園內所有教學與行政服務的歷程，都能表現輔導的作為，令人感受到輔導的功能，學生才能學得更完整，也才能健康的成長、快樂的學習。
黃正鵠	2001	教訓輔三者本為一體，意義一致，都是必須讓學生由自我中心出發，在以人我中心為主導的群體中實現自我——完美健全人格的完成。
蔡培村	2001	認為「三合一」並非三者合併，而是組織功能的三合一、輔導專業機制的三合一、教師效能的三合一、輔導資源的三合一。
吳榮鎮	2002	建立新校園，優化學習環境，瞭解學生、家長、教師及社區的需要，進而澄清學校核心價值，改善經營體質，帶好每位學生。學校經營者要將理念融入辦學與教學中，活化學校組織，促進社區、親、師、生有機互動，提昇學校教育的競爭力。
吳清山	2002	建立教訓輔三合一應先整合觀念、內涵、人員、組織、資源等要項，藉以統整三級預防觀念、教改專案內容、親師生的力量、教訓輔的業務、校內外的資源。
蔡純姿	2002	主要精神在於闡揚教師大愛，藉著建立學校教訓輔三合一的生活輔導最佳互動模式與內涵，有計畫的激勵教師全面參與輔導職責，具體實踐對學生的教育承諾。
廖建溢	2003	以學生輔導為主要工作核心，將學校行政組織、社會資源網絡整併調整、加以串聯，形成完整而周密的學習與輔導網路；在整個教育改革的大環境中完成包含課程、學校組織、行政運作及社會資源的統整運作，以實踐帶好每位學生、完成全人教育的教改願景。
吳錫鑫	2003	其意在策動全體教職員工共同努力，發揮交互作用；結合社區資源，建立輔導網絡，以達成有效教學及善盡輔導學生之責，實現帶好每位學生之教改願景。

綜上所述，教訓輔三合一並不是把教務、訓導、輔導三個處室合併，而是希望透過制度化的統整，整合學校教職員工、社區及家長的人力與資源，共同投入輔導學生的行列。實踐教育理想的過程中，不但需要教師個體本身教學、訓育與輔導內在能力的整合，還需要學校教務、訓導、輔導各行政單位功能的整合，需要導師、科任教師、認輔教師與行政處室角色的整合，還需要學校與社會輔導資源的整合，將過去較為片斷、孤立的教學輔導能源彙整，群策群力，關照到每一位學生，為學生規劃一個更為周延而健全的輔導網路，以培養二十一世紀的現代公民。

（二）目標

「教訓輔三合一方案」的特色之一，就是「目標」、「策略」、「方法」三者結構縝密，承先續後，環環相扣—「策略」承續「目標」；「方法」承續「策略」。茲將將育部建立學生輔導新體制教學、訓導、輔導三合一整合實驗方案之結構表詳列於表 2-1-2。

表 2-1-2　建立學生輔導新體制結構

目　標	策　略	方　法
建立各級學校教學、訓導、輔導三合一最佳互動模式與內涵，培養教師具有教訓輔統整理念與能力，有效結合學校及社區資源，逐步建立學生輔導新體制。	一、成立學生輔導規劃組織。	1. 成立「建立學生輔導新體制規劃委員會」。
		2. 擬定實驗學校實驗計畫。
		3. 辦理學生輔導新體制實驗績效評估。
	二、落實教師輔導學生職責。	4. 落實教師在教學歷程中輔導學生之責任。
		5. 培養全體教師皆具有輔導理念與能力。

	6. 實施每位教師皆負導師職責。
	7. 鼓勵每位教師參與認輔工作。
三、強化教師教學輔導知能。	8. 策勵教師實施高效能的教學，幫助學生獲得人性化及滿意的學習。
	9. 強化各科教學研究會功能，將輔導理念融入教學歷程，提昇教學品質。
	10. 實施教學視導及教師評鑑。
四、統整訓輔組織運作模式。	11. 調整學校訓導處之行政組織及人員編制，兼具輔導學生之初級預防服務功能。
	12. 調整學校輔導室（學生輔導中心）之行政組織及人員編制，加強各級心理輔導及諮詢服務工作。
	13. 調整學校行政組織及人員編制。
五、結合社區輔導網絡資源。	14. 建立學校輔導網絡，結合社區資源，協助辦理學生輔導工作。
	15. 運用社區人力資源，協助學校推動教育工作。
	16. 研訂學校教師輔導手冊。
	17. 辦理學校教師、行政人員、義工、家長研習活動。

資料來源：教育部（1998b）。建立學生輔導新體制—教學訓導輔導三合一整合實驗方案。

　　教育部實施教訓輔三合一方案的主要目的，可分為三方面：第一、就學生而言，學校本身建構一縝密的輔導網絡，確保其快樂學習。第二、就教師而言，系統規劃運作帶動之下，普遍善盡有效教學及輔導學生職責。第三、就行政支援而言，由於教學、訓導、輔

導三合一最佳互動模式之建立，達成安心辦學及發展學校特色之績效（何進財，1999）。

至於推動教訓輔三合一方案，主要目標有以下四項如下（鄭崇趁，2000a）：

1.帶好每位學生——實現帶好每位學生的教改願景

學校實施教訓輔三合一，主要實施對象是老師及行政人員，要照顧的主體是學生，即實現帶好每位學生的教改願景。帶好每位學生，包括帶好一般常態的學生，以及帶好非常態的學生。從適應的觀點，適應困難、行為偏差、甚至犯罪有案返校就讀的學生均需照顧。

2.整合教訓輔功能——結合社區資源發揮學校教訓輔功能

學生行為日益複雜多變，單靠學校教師及訓輔人員之力量，實有未逮。教訓輔三合一方案主要在如何有效引進社會輔導資源，使這些資源密切結合學校訓輔措施，發展出以「輔導為核心」、「管教為輔助」的學校訓輔功能。教訓輔三合一初級、次級、三級預防之觀念，以「訓育原理輔導化」為主軸，整合調配訓導處及輔導室組織職責，並重新設定每位行政人員配合三級預防觀念下，應行辦理事項，以及必須交互支援事項。這些工作必須考量可動用的社區資源，並與年度校務計畫完全結合。

3.孕育最佳互動模式——建構師生最佳互動模式與內涵

教訓輔「三合一」具有「交互作用，整合發展」之意，主要在三系統人際層次上充分彰顯「交互作用，整合發展」之意圖。一為「教學人員」（教師）與訓輔人員之間，能夠重新調配服務學生的

方式與交互支援結果，教職員工之間產生一種最佳互動模式與內涵。（亦即產生最佳工作團隊）。另一為所有教師（教職員工）與學生教與學之間，由於教師教學策略不斷更新，學生獲致滿意的學習，教職員工之訓輔措施能夠獲得全校學生之認同，全校師生組織文化，展現優質內涵。

4.闡揚教師大愛──激勵教師善盡教學輔導學生職責

　　教訓輔三合一方案所要照顧的對象是「學生」，但方法策略實施的對象卻是學校行政與教師為主。各項措施在激勵所有教師善盡其教學及輔導學生之職責，提供了具體的管道，例如有效教學、教學中辨識學生問題行為的能力、教學過程融入輔導理念、擔任導師、做好班級經營、認輔學生、對於特殊需要學生給予個別關懷，陪他走過狂飆歲月，瞭解運用網絡資源，彌補學校訓輔功能上之不足。從整體而有效的多元途徑協助學生，關愛學生，教師的大愛得致充分的闡揚，如圖 2-1-6。

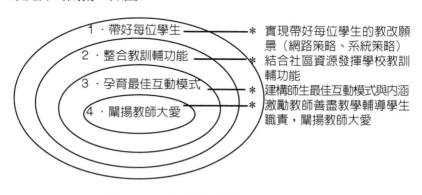

圖 2-1-6　推動教訓輔三合一目標圖

資料來源：鄭崇趁（2000a）。教訓輔三合一的主要精神與實施策略。頁 25。

　　至於建構輔導新體制，在促進學生全人發展，應達五項目標（蔡培村，2001）：1.適性發展；2.健全人格；3.多元智慧；4.社會適應；5.珍惜生命。簡言之，在教、訓、輔合作的過程中，透過「輔導組織、機能活化」、「融入課程、適性教學」、「資源整合、建構網路」、「輔導諮詢、專業工作」等四向度的工作推展，重整學校輔導工作，學校成為一有機體，團隊合作，發展一套合理的理論及系統，達成全人發展的目標，如圖 2-1-7。

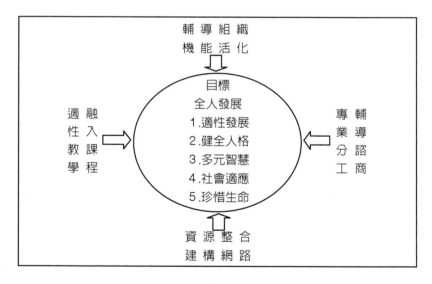

圖 2-1-7　推動教訓輔三合一目標圖

資料來源：鄭崇趁（2000a）。教訓輔三合一的主要精神與實施策略。頁 7。

　　若談到學生輔導新體制的主要目的則是在於強化輔導學生，而非過去傳統的管理學生，並統整目前學校中訓導與輔導資源，重新設置學生輔導的新體制，促使事權統一，並落實教師普遍參與輔導

學生，培養學生自尊且尊人的品德（吳文賢，2001）。是故教訓輔三合一方案應達成下列四項目標（廖建溢，2003）：

1.學校組織與成員的系統整合

學校方面要調整、加強處室間橫向聯繫；以輔導為主，加強組織運作效能，更進一步達成學校成員（含教師）與行政人員及相關資源的縱向整合，達成教師、行政人員及相關輔導資源的三合一系統整合，使其具備三級預防之功能，並保持彈性與主動聯繫，如表2-1-3所示。

表 2-1-3 系統規劃教師輔導學生職責與三級預防

資料來源：鄭崇趁（2000a）。教訓輔三合一的主要精神與實施策略。頁23。

2.師道精神的重建

「師者，所以傳道、授業、解惑者也。」教師角色的定位不該只是經師──知識的傳授者，更應積極扮演人師，善盡教學與輔導學生之責，並以身教、言教引領學生，培育其健全人格，闡揚教師大愛精神，重建教師課程規劃、班級經營、生活輔導三合一的專業能力，藉此重塑學校文化，成為具有輔導文化、人文涵養、溫馨和樂之新校園文化。

3.全人教育的發展

藉由新體制的實施，不再像以往只偏重智育發展，轉以尊重關懷、輔導為核心，管教為輔助的原則，提供學生發展的空間，以多元途徑陪伴其學習成長，進而樹立健全人格與身心發展，達成身心健康、適性發展、健全人格三合一之全人教育目標。

4.輔導網絡的延伸

完成輔導網絡以延伸學校功能：學校與社區係共同體，必須聯合建構出嚴謹完整的輔導網路，協助學生健康成長。在教訓輔三合一方案中，輔導網絡不再侷限於學校單位及政府社輔機構，其輔導網路更向外延伸，尋求社區及社會輔導等各項資源，從而建立完整而嚴密的輔導體系，建立教育關單位（含學校、教育機關及公立輔導諮詢機構）、社區資源及社會輔導資源三合一的結合，彌補學校原有功能的不足，其策略如圖 2-1-8 所示。

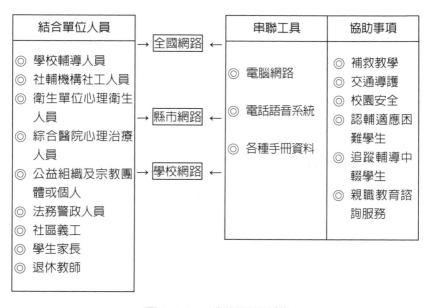

圖 2-1-8　輔導網絡架構

資料來源：鄭崇趁（2000a）。教訓輔三合一的主要精神與實施策略。頁 24。

　　綜上所述，教訓輔三合一方案推行的最終目標，希望整合學校教育，讓身教、言教、境教的充分配合，達成教師有效教學、學生快樂學習、行政人員安心辦學之共同願景。將整個校園營造成學習型組織文化，使學生學會求知、學會做事、學會相處、學會成長、學會生活。教師敬業、專業精神持續提昇，師生互動綿密，家長也成為教師的好幫手。

（三）策略

　1. 成立學生輔導規劃組織。
　2. 落實教師輔導學生職責。

3. 強化教師教學輔導知能。

4. 統整訓輔組織運作模式。

5. 結合社區輔導網絡資源。

（四）方法

1. 成立「建立學生輔導新體制規劃委員會」。

2. 擬定實驗學校實驗計畫。

3. 辦理學生輔導新體制實驗績效評估。

4. 落實教師在教學歷程中輔導學生之責任。

5. 培養全體教師皆具有輔導理念與能力。

6. 實施每位教師皆負導師職責。

7. 鼓勵每位教師參與認輔工作。

8. 策勵教師實施高效能的教學，幫助學生獲得人性化及滿意的學習。

9. 強化各科教學研究會功能，將輔導理念融入教學歷程，提昇教學品質。

10. 實施教學視導及教師評鑑。

11. 調整學校訓導處之行政組織及人員編制，兼具輔導學生之初級預防服務功能。

12. 調整學校輔導室（學生輔導中心）之行政組織及人員編制，加強各級心理輔導及諮詢服務工作。

13. 調整學校行政組織及人員編制。

14. 建立學校輔導網絡，結合社區資源，協助辦理學生輔導工作。

15. 運用社區人力資源，協助學校推動教育工作。

16. 研訂學校教師輔導手冊。

17. 辦理學校教師、行政人員、義工、義工、家長研習活動。

（五）任務指標

1. 激勵一般教師全面參與輔導工作，善盡教師輔導學生責任：教師是推行教育的靈魂人物，行政人員則是最佳的後勤支援。在教學歷程中，教師必須揚棄學科本位的偏頗，以經師與人師兼備的風範自我期許，體會教訓輔三合一方案的主要精神，充分發揮身教、言教、境教等應有的教育功能，使學生都能喜歡學校、喜歡教師，快樂生活、有效學習。

2. 增進教師教學效能與人性化照顧學生，融合輔導理念，全面提昇教育品質；強調學校必須將輔導理念融入教學歷程，規劃提昇教學效能相關措施，協助教師實施高效能與人性化之教學，幫助學生獲致滿意的學習；強化各科教學研究會功能；成立教學診斷小組瞭解教學與辦學問題，實施教學評鑑、教師評鑑及必要的補救教學等，全面提昇教學品質。

3. 彈性調整學校訓輔組織運作，為訓輔人員及一般教師規劃最佳互動模式育內涵：在行政組織調整方面，學校可以朝以下方向規劃，包括：

(1) 將訓導處調整為學生事務處，兼具輔導學生之初級預防功能；

(2) 將輔導室（學生輔導中心）調整為諮商中心或輔導處，加強各級心理輔導及諮詢服務工作；

(3) 配合其他學校行政組織的調整與運作，期能為訓輔人員及一般教師規劃最佳互動模式與內涵。

4. 結合社區輔導資源，建構學校輔導網絡：社區輔導資源應包括：社工專業人員、心理衛生人員、公共衛生護理人員、法務警政人員、心理治療人員、公益及宗教團體、社區義工、學校家長及退休教師等。這些團體與人員，學校必須有效的整合與運用，以協助學校推展充實與補救教學、交通導護、校園安全、任輔適應困難學生、追蹤中輟學生、親職教育諮詢服務……等工作。

（六）特色

本方案具有四大特色：

1. 透過實驗歷程作為修法基礎：學校行政組織之調整必須有法源依據，本方案前兩年以具體實驗成果，作為修法基礎。

2. 系統規劃教師輔導學生職責與功能，本方案強調所有教師必須善盡有效教學及輔導學生職責，並結合學校訓輔單位及社區網絡資源為學生提供服務，係教師輔導學生由「個別功能」到「整合功能」的系統規劃。

3. 採取逐步擴大推廣策略：實驗學校的校數規模逐年累增，行政組織之調整亦留給實驗學校「逐次確定最佳互動模式與內涵」空間等，均係採取逐步擴大推廣策略。

4. 目標、策略、方法結構縝密；「策略」承續「目標」，從五大方向著力。「方法」一至三項實現「策略一」；「方法」四至七項實現「策略二」；「方法」八至十項實現「策略三」；「方法」十一至十三項實現「策略四」；「方法」十四至十五項實現「策略五」；「方法」十六至十七項則為共同事項，結構縝密。

當前學校在輔導工作面臨下列兩大困難：一、家庭、學校、社區三大輔導層面，彼此未能密切配合，使力量分散，功能隨之打折；再者，學校輔導系統本身雖強調輔導工作應由全校教師及行政人員共同負責，卻未能互相產生互動式的支援，無法分工合作，績效不如預期理想（林清江，1998）。再加以學校教師之教學或學校之辦學方針，未能兼顧學生需求與程度，導致部分學生課業適應困難，因而產生諸多不適應行為，加重學校訓輔工作負擔（教育部，1998a）。

近年來教育部推出許多的改革方案中，教訓輔三合一方案即是為了整合學校內外輔導資源，期盼透過更多的關注，減少學生因不適應課業所產生之偏差行為。因此，教訓輔工作必須被視為教育總體發展的一環，應該在學校的日常運作中去實踐計畫的精神，在教育的總體發展中去完成計畫的目的。經由教學、行政與社會資源的統整協調，幫助每一位孩子能快樂學習、健康成長，並獲得應備的知識與能力。

第二節　教訓輔三合一方案的理論基礎

理論是一種科學的概念，它最大的功能是為各種現象提供一般性的解釋，也可以導引活動，為日常真實狀況的實際問題，提供決策的基礎。因此，任何學問或措施應有其理論基礎，才能奠立根基，健全發展（王家通和曾燦燈，1988：頁 24-29；引自傅木龍，1999，頁 15）。教訓輔三合一整合實驗方案，係教育部的新設計與嘗試，

相關的學術性文獻在近幾年逐漸發表，整體而言仍稍顯不足，但從學者們詳細而嚴謹為教訓輔基礎理論所做的註解，仍可大略窺知其面貌。茲就幾位學者的意見加以綜合、整理後，認為教訓輔三合一方案可從「學習型組織」、「人文主義」、「學校本位精神」、「全面品質管理」等四種理論基礎來探討，相關論述整理歸納如表 2-2-1。

表 2-2-1　教訓輔三合一方案理論基礎歸納

理論	研究者	年代	研究者所提論點
學習型組織	林慶國	2000	教育是一個全面觀注的過程，透過系統的思考，為學生統整規劃出一個周延的輔導服務工作，活化教育的生命力，使個人學習、團隊學習與組織學習的效果，實踐在建構新的輔導體制上。
	鄭崇趁	2001	教訓輔三合一方案旨在經營一個具有輔導文化的校園。
	蔡培村	2001	「學校必須發展自組織」，要改變觀念、拋棄本位主義，建立一個合作、團隊、應變的機能，成為學習型組織。
	楊春生	2001	行政學組織結構權變理論：「教學、訓導、輔導三合一整合實驗方案，試圖統合學校次級組織文化的矛盾與衝突，彈性調整組織設計。
	楊春生	2001	學生輔導新體制實驗方案將學習型組織五項修鍊的特徵包含於內。
	吳錫鑫	2003	教師不斷充實教學與輔導之專業知能，並結合社區充沛的人力資源，建構學習型的學校、社區與家庭，提供學生多元生動、適性活潑的學習內涵。

	鄭進丁	2003	以團隊方式，帶動學習風氣傳播輔導信念，建立全人教育的共同願景、鼓勵教職員工參與進修、運用系統思考解決教育問題。
人文主義	傅木龍	1999	心理學的理論基礎：在學校教育中，尊重學生人格尊嚴並重視學生個別差異；即奠基於心理學對人性尊嚴及價值的重視。
	李有在	1999	強化人文主義阿德勒（Adler）所主張「沒有不可教的兒童，只有未盡教育之責的學校、老師與家長」。
	1.黃正鵠	2001	人本主義的輔導學者認為人天生有生命力量，會自我提昇、自我實現，但需有良好成長條件。
	2.吳錫鑫	2003	執行三合一方案者（行政人員、教師）要能深刻體會其意涵，確實將輔導理念融入教學中，親師生關係融洽，培養出自在的胸襟、優雅的人文器識。
	3.廖建溢	2003	尊重個別差異、尊重學生學習權益，以學生需求為主要努力方向，化為被動主動，積極將輔導理念融入教學之中。
學校本位精神	1.傅木龍	1999	社會學的理論基礎：從方案之研擬、規劃、實施及預期目的，均能考量學校特性、師生需求及社區特色，在公平公開及民主參與中，逐步形成共識並有效執行。
	2.楊春生	2001	教訓輔三合一方案試圖統合學校次級組織文化的矛盾與衝突，彈性調整組織設計，為教育改革理念與共同願景努力。
	3.張信務	2001	授權各校依學校特色彈性調配行政組織，促使學校行政機能活化，健全組織架構，才能活化組織效能。
	4.吳榮鎮	2002	學校成員共同發展辦學理念，根據學生需求來決定活動性質，全校師生與家長都是經營者，形成團隊，共同投入與承擔，營造各具特色的學校。

	5.吳錫鑫	2003	本案採逐年擴大推展策略、透過實驗歷程作為修法依據、彈性調整學校行政組織，即希望藉由學校實施與檢討，發展出最適合的模式。
	6.廖建溢	2003	各校應依其實際需要與狀況調整並實施，教師的專業自主、積極參與及學校的本位自主是其中重要的一環，方案的推動即落實學校本位精神之實現。
全面品質管理	1.傅木龍	1999	(1) 行政學的理論基礎：全面品質管理的原理乃教訓輔三合一輔導新體制方案賴以順利推動及成功與否之關鍵所在。 (2) 經濟學的理論基礎：期望在有限的教育資源下，重新調整學校行政組織，提供師生良好的教育環境，提升教育品質。
	2.呂生源	1999	學校是為達成教育目標所設立的有機體，在完成任務的過程中，牽涉到結構與人員的適當配置，以求達成有效而經濟的目標。
	3.楊春生	2001	學校面對棘手個案時，必須成立危機處理小組，啟動三級預防機制，若學校本身無法有效輔導，就要尋求社會資源介入，運用系統思考模式，集思廣義，共同解決難題。
	4.蔡培村	2001	學校的輔導計劃，若能以輔導專業分工理論為依據，將使輔導計劃執行更有成效。
	5.吳錫鑫	2003	一、實施過程力求績效，提升附加價值；二、實施方式結合科技，以利活動進行；三、實施效果有量的呈現，亦有質的提昇。
	6.廖建溢	2003	不論是教師班級經營，或是學校組織運作，甚至結合社區資源網絡，均需符合全面品質管理，才能使輔導新體制環環相扣，形成緊密的輔導資源網絡。

一、學習型組織

　　學校是老師傳道授業解惑的場所，也是學生學習最重要的地方，經由老師的教導，使其成為有知識、有技能、有道德，知書明理的文化人。但廿一世紀是資訊與科技高度發展的世紀，在此世紀中，人面對的是更多的挑戰：包括人的思考、溝通、行為模式、人與人之間各種微妙複雜的互動關係。因此，學校也必須因應多變、競爭激烈、資訊超載的時代，善用學習型組織的理念，積極營造一個具學習型組織（Learning Organization）的校園文化。

（一）意義

　　1990 年美國學者彼得·聖吉（Peter M. Senge）在《第五項修煉》一書，提出運用系統思考來改造企業組織，激起企業界廣大迴響。學習型組織是一種更適合人性的組織模式，在學習團隊中，組成分子有正確的核心價值、信念及強韌的生命力，透過系統思考（system thinking）、自我超越（personal mastery）、改變心智模式（improving mental models）、建立共同願景（building shared vision）、團隊學習（team learning）等五項修煉策略，達成組織不斷創新、持續蛻變的目標（郭進隆、楊碩英，1994）。國內學者吳清山、林天佑（1994）則將學習型組織定義為一組織能不斷學習，運用系統思考模式，嘗試各種不同的實驗與問題解決方案，進而強化及擴充個人的知識和經驗，並改變整體組織行為，以增強組織適應與革新的能力。

（二）從教訓輔三合一方案的觀點探討

要有效推行教育部所提出的輔導新體制，需學校全體成員的參與、配合才能全面實施；而輔導新文化的建立，更必須有共同的願景，且應同時兼顧學習型組織的五項特徵：1.持續的學習；2.系統的思考；3.開放的文化；4.工作的激勵；5.不斷的嘗試（吳清山，1996）。最後終能為學生統整規劃出一個周延的輔導服務工作，活化教育生命力，使個人、團隊與組織學習的效果，實踐在建構新的輔導體制上（林慶國，2000）。

教訓輔三合一方案的理論基礎，從組織理論來看學校為一個為開放系統，外在環境會影響其運作，校內有次級系統（各處室），彼此互相關聯、互為影響。但由於教育的對象是「人」，是會隨時變動起伏的個體，因此更要累積長期資料，分析學校脈絡，防範於未然，平時即建立預防與危機處理小組，讓訓導、輔導及家長共同處理學生問題，避免引發衝突，產生合作的機制。但目前政府推動的各項改革混沌不明，令學校受到諸多瓶頸，因此學校需要發展自組織，針對特定問題、特定功能進行彈性重整，在此狀況下，每個人都要改變觀念、拋棄本位主義，才能建立一合作、團隊、應變的機能，進而成為如圖 2-2-1 所示之學習型組織（蔡培村，2001）。

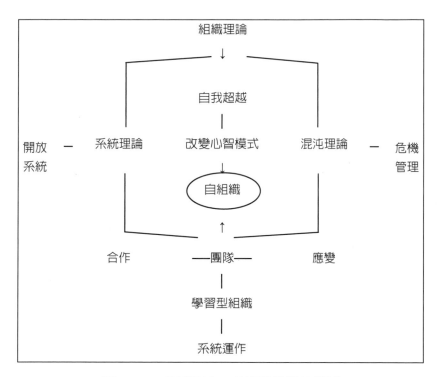

圖 2-2-1　組織三合一的理論依據架構圖

資料來源：蔡培村（2001）。教訓輔三合一的理論基礎。頁 12。

再者，在教訓輔三合一方案中基本假定有行政學組織結構權變理論：「教學、訓導、輔導三合一整合實驗方案，試圖統合學校次級組織文化的矛盾與衝突，彈性調整組織設計，共同為唯一的基本假定『帶好每一位學生』的教育改革理念共同願景努力，學校老師也藉著組織彈性調整，協同一致，吸取新知，成長自己，並轉化為輔導學生之動能。」（引自楊春生，2001）。此方案強調整合發展，教師能不斷充實教學與輔導之專業知能，並結合社區充沛的人力資

源，建構學習型的學校、社區與家庭，提供學生多元生動、適性活潑的學習內涵（吳錫鑫，2003）；實施教訓輔三合一方案就是學習型組織理論的實踐，運用團隊方式，帶動學習風氣傳播輔導信念，建立全人教育的共同願景、鼓勵教職員工參與進修、運用系統思考解決教育問題（鄭進丁，2003）。

二、人文主義

（一）意義

　　人文主義（Humanism）以「人」為中心，強調人文價值與人性尊嚴，重視「人倫關係」與「人生責任」的思想，注重「人性的關懷」。人文主義亦是個人主義，強調「人」，包括人的尊嚴、人的權力、人的平等、人的自由等，全以人為起，人為終點。儒家思想一向被視為典型的人文主義，它強調人生的責任、重視人倫的關係、肯定人格的價值、提倡人文的教育（郭為藩，1993）。

（二）從教訓輔三合一方案的觀點探討

　　在實用主義籠罩下的教育目的，偏重在教導學生如何做事，如何準備升學考試，如何有效率的工作，強調這些教育原未可厚非，然而卻相對忽略了指導學生如何做人，如何充實人生，如何發揮生命的價值，而這些正是人文精神之所寄。人文主義的輔導學者認為人天生有生命力量，會自我提昇、自我實現，但需有良好成長條件，因此教育部推動教訓輔三合一方案，希望為學生打造最佳學習環境，同時減少中輟學生發生機會（黃正鵠，2001）。

　　至於在教育改革的主張中，無論官方或民間，人文主義的色彩都很相當濃厚。例如以「學習權」取代「教育權」、認定學習權為基本人權、學習應以學生為主體、提供學生適性教育及不放棄每位學生，這些都是為了實現「帶好每位學生」的目標，也是反映人文主義的訴求結果（陳伯璋，2004）。學生是學校存在唯一的理由，也是學校的主體，因此，基於心理學的基礎，學校要以學生需求為前題，尊重並重視學生個別差異，與目前將學習權列為個人基本人權的世界潮流相吻合（傅木龍，1999；楊春生，2001）。

三、學校本位精神

（一）意義

　　教育改革是世界各國向高科技時代邁進的共同策略，歐美先進國家早已朝向學校本位的途徑發展。事實上，學校是教育改革的起點，要使教育改革成為永續的事業，傳統「由上而下」的權威模式已不再適用，取而代之的是從教育體制內（學校）激起的改革機制。在學校本位的經營中，不僅強調專業的重要性，更是教育決定權下放必然的反映。其主要特徵如下：其一為減少地方學區法令限制，增加學校自治的權利；其二為重組學校行政責任，讓學校教師、行政人員、社區家長和學生共享作決定的權利，建立互動的新關係（吳清山、曾燦金，1995）。

（二）從教訓輔三合一方案的觀點探討

有別於以往教育部所提的新措施，本案採逐年擴大推展的實施策略，透過實驗歷程作為修法依據，授權彈性調整學校行政組織，即希望藉由學校實施與檢討，發展出最適合的模式（吳錫鑫，2003）。教訓輔三合一方案具不確定性、實驗性及充分彈性等特質，因此各校可依學校特色、實際需要與狀況，規劃、彈性調配行政組織，促使學校行政機能活化，健全整個組織架構，進而活化組織效能（張信務，2001；廖建溢，2003）。本著教學者即是輔導者的精神，教師的專業自主、積極參與及學校的本位自主更是其中重要的一環，方案的推動即落實學校本位精神之實現。從社會學的觀點出發，認為方案之研擬、規劃、實施及預期目的，均能考量學校特性、師生需求及社區特色，在公平公開及民主參與中，逐步形成共識並有效執行（傅木龍，1999）。

四、全面品質管理

（一）意義

全面品質管理（total quality management, TQM）的觀念起源於1930年，是由美國管理學者 Deming 所創，但這套理論先在日本企業界實施成功後再傳回美國，是一種極具效率的組織管理概念。全面品質管理的定義在各學者的詮釋下具多元的看法：Sallis（1993）認為是一持續改進的哲學，可以提供任何教育機構一系列的實用工具，以滿足並超越現在與未來顧客的需求與期望。Kano（1993）

認為是在組織內部和技術的基礎上，先建立提升品質的意圖和動機，再經由觀念變革、技術改進、工具應用的過程，將意圖和動機緊密結合，形成全面品質管理的內涵。Linde（1998）則認為是統合組織內部功能與歷程，以便完成持續改進貨物的品質，來滿足顧客的需求。全面品質管理乃是一種經過妥善安排設計的管理模式，組織透過所有部門與人員，全體成員全時心繫於品質的改進，以持續滿足消費者的需求為目的。全面品質管理的全面（total）係指所有單位、所有人員都參與品質改進，而且都為品質負責；品質（quality）係指活動過程、結果與服務均能符合標準與消費者的需求；管理（management）係指：有效達成目標的方法與手段。全面品質管理定義為：全面品質管理係由組織內全體人員的參與，以科學的方法不斷的改進組織的產品、服務和作業過程，以迎合顧客現在和未來需要（吳清山、林天祐，1994）。

綜合上述各家之見解，全面品質管理是一種系統化的策略，其生產組織係基於團體的共識與領導階層的強烈支持之下，在充分的溝通與成員的參與下，運用科學化的方法，以過程為管理重點，依據顧客的需求訂定品質標準，製造了滿足顧客需求的產品或服務（陳金貴，1994）。

（二）從教訓輔三合一方案的觀點探討

全面品質管理的重要理念如下：1.事先預防；2.全面參與；3.全程掌控；4.品質承諾；5.以客為尊；6.事實管理；7.永續改進（吳清山、林天祐，1994；林天祐，1998），根據此七點發現與推動教訓輔三合一方案之理念非常相似，包括：1.塑造學校發展願景，引領學校行政革新；2.建立學校行政預警系統，發揮「思患預防」的

功能；3.實施團隊合作的模式，發揮組織的整體功能；4.充分掌握「顧客」需求，表現適切的行政作為；5.成為學習型組織，持續提昇學校品質；6.蒐集分析內外部資訊，作為持續改進的客觀依據（劉仲成，2004）。因此，全面品質管理為教訓輔三合一方案中一項重要的理論基礎之一。

傅木龍（1999）從行政學的觀點指出全面品質管理的原理，乃是教訓輔三合一方案賴以順利推動及成功與否之關鍵所在。而從經濟學方面的觀點來看，期望在有限的教育資源下，重新調整學校行政組織，提供師生最佳的教育環境，提升教育的品質。

為了讓整個學生輔導工作推展的更具成效，符合全面品質管理的精神，積極改善學生偏差行為的產生，蔡培村（2001）引用美國學者蕭氏（Merville C. Shaw）所提的學校輔導模式（如圖 2-2-2 所示），作為教訓輔三合一方案之學校輔導分工的理論依據。其認為學校的輔導計劃擬定，若能以此為專業分工的理論依據，注重學生一般性行為的初級預防，將使日後三級性之診斷與治療學生人數降低，讓輔導計劃執行更有成效。

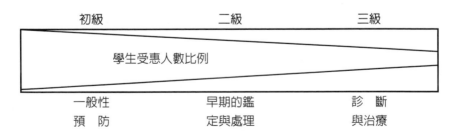

圖 2-2-2　美國學者蕭氏學校輔導模式圖

資料來源：吳武典（1983）。學校輔導工作。頁 129。

　　依據以上所述之「學習型組織」、「人文主義」、「學校本位精
神」、「全面品質管理」等四項理論基礎來探討，可發現在教訓輔三
合一方案中，四者為相輔相成的互動關係，很難完全的劃分與切
割。因此可整合出四項理論基礎，提出教訓輔三合一方案的實施分
析如下（吳錫鑫，2003）：

（一）實施過程力求績效，提升附加價值

　　　　為激勵教師參與輔導工作，學校應鼓勵並協助教師進修
研習，以增進輔導知能，則教師參與意願會大為提高，如此
不僅學生受惠，教師亦獲得增長。

（二）實施方式結合科技，以利活動進行

　　　　配合現代發達的資訊科技，運用網際網路、有（無）線
通訊設備，對輔導網絡的發揮，必能提供極佳的協助；應用
電腦相關設備，處理與整理大量的資料，以節省學校寶貴之
人力、物力，對於教訓輔工作之施展大有助益。

（三）實施效果不僅是量的呈現，更有質的提昇

　　　　學校若能強化教師辨識學生偏差行為的能力，以及有效
的教學模式，加強補救教學與個案認輔工作，以提昇學生學
習成就與適應力，必能讓學生快樂而健康的學習、成長。

　　綜上論述，可歸納出教訓輔三合一方案主要目的在，以學校為
主體，彈性設計出符合「學校本位精神」之相關計劃，透過「學習
型組織」共同提升教師輔導知能，在教學過程中引進社區輔導資
源，增強輔導效能，並以「全面品質管理」的科學方式，改變學校
輔導文化、將輔導融入教學，重塑優質教育的學習環境，最後達到
「人文主義」的最終目標—帶好每位學生。

第三節　彰化縣國民小學教訓輔三合一方案實施現況

　　本節雖然著重在探討彰化縣國民小學實施教訓輔三合一方案之現況，但彰化縣自九十一學年度起方開始試辦教訓輔三合一方案，與教育部公布自八十七學年度開始試辦時間有所差距，因此首先先探討到臺灣地區各國民小學自八十七學年度起至九十學年度試辦情形，接著才討論彰化縣各國小九十一、九十二學年度實施現況。

一、臺灣地區國民小學實施教訓輔三合一方案情形

（一）第一期（八十七學年度）小型規模實驗期

　　教訓輔三合一整合實驗方案自本年八月開始試辦，全臺灣地區僅遴選八所國小參與實驗，包括：台北市天母國小（召集學校）、國立政大實小、台北縣澳底國小、台中縣大明國小、台南市勝利國小、高雄市龍華國小、花蓮縣宜昌國小、宜蘭縣宜蘭國小。

　　在實驗過程中，為掌握進度，管制品質，確保績效，教育部指示召集學校依各層級及各地區學校的需要，不定期召開實驗過程研討會，以統整實驗步調，瞭解實驗運作的情形，同時聘請專家、學者擔任指導及諮詢委員，見表 2-3-1，在實驗過程中參與計畫的訂定、審核、指導與成效評估，企盼整個實驗過程能有好的結果。

表 2-3-1 教育部教訓輔三合一方案諮詢委員

層級／校數	諮詢委員
中小學北區（8 校）6 位	林邦傑、鄭石岩、曾憲政、陳皎眉、劉興漢、周麗玉
中小學中區（2 校）2 位	蕭文、沈六
中小學南區（8 校）5 位	蔡培村、楊瑞珠、蔡德輝、王鐘和、吳清山
中小學東區（5 校）3 位	陳伯璋、金樹人、尹祚芊

資料來源：蔡培村（2001）。教訓輔三合一的理論基礎。

　　1999 年 6 月份，在第一年實驗年度終了時，教育部聘請本方案規劃的委員、諮詢委員及各主管機關代表，至學校進行成果訪視與評估。每一實驗學校均應接受訪視，進行方式包括實驗學校的簡報、訪視召集人致詞、資料參閱、師生座談及綜合座談等，希望藉此瞭解實驗過程中所面臨的困難與問題，作為往後實驗的參考。委員們訪視考察後發現若干問題，並提出以下建議（蔡培村，2001）：

1. 教師普遍對本實驗方案的目的與精神，尚未完全了解，以致重點掌握不易；尤以對矯治性輔導（針對嚴重適應困難或行為偏差生進行諮商或轉介，並配合轉介後身心復健之輔導）的觀念，尚有許多教師觀念不清，且目前需要介入性輔導（例：針對適應困難或瀕臨行為偏差學生進行專業輔導與諮商）協助的學生顯然比以前增加，但因輔導人力不足，以致在介入性輔導之工作上效能不彰，亟需設法改善。

2. 專任教師尚未能接納在教學歷程中輔導學生之責任，大多數教師重視教材的傳授與教學進度的進行，較乏熱忱輔導學生，輔導知能亦尚缺乏。

3. 目前缺乏法規依據以執行教師教學視導與教師評鑑，且視
   導與評鑑的權威亦未建立，以致實施不易；且由於未有明確
   的學理與法規依據，學校行政組織調整，遭受瓶頸。

（二）第二期（八十八下半年及八十九學年度）的中型規模實驗期

主管機關依所屬學校之規模與地區分佈向規劃委員會建議，經
審議核定後擴大實驗，其實驗模式詳如表 2-3-2。

表 2-3-2　教訓輔三合一方案第二期實驗模式

實驗模式	參　與　指　標	參　與　學　校
全面學校式	直轄市縣市所屬學校全面參與實驗。	基隆市國小共 41 校。
個別學校式	單一學校針對四大具體目標任務整合規劃。	全臺國小共 25 校。
特定主題式	單一學校針對單一學生問題，實施三合一解決策略實驗（建立單親家庭兒童輔導體制）。	全臺僅有 1 所國小（高雄市明正國小）參與。

資料來源：本書作者整理。

至於第二年針對實驗學校訪視結果，評鑑委員則提出建議如下：
1. 從學校本位及校務整合發展的觀點，在人事總員額不增加
   的原則之下，宜修改國民教育法及施行細則，授權各校彈
   性調整組織及其運作，以發展學校的特色，提升學校的輔
   導效能。
2. 欲落實教師輔導學生職責、強化教師班級經營及有效教學，
   除了加強教師專業知能，提升輔導專業效能之外，宜儘速規
   劃教師證照制度、教師分級制度及教師評鑑制度，以激勵教
   師服務士氣。並建議各校教師聘約上列舉「認輔學生」、「辦

識行為問題」、「導師」、「瞭解輔導網絡」與「危機處理」為
教師當然職責。

3. 目前各項教育改革方案繁多，學校似無法全盤吸收與理解，
教師有不安的情緒，無形中貶低教育成效。

（三）九十學年度大型規模實驗期

申請學校以辦理績效良好續辦學校為優先考量，以營造並落實
具有輔導文化之校園。辦理二年以上績效良好學校，擔任種子宣導
學校角色推廣方案，並將實驗歷程實錄，以提供各校參照。其模式
仍以第二期實施方式為主，參與學校已擴展增加至 329 所國小，包
括全面學校式：宜蘭縣 86 所國小；台北縣 210 所國小，與個別學
校式 33 所國小。不過，在此階段彰化縣尚無學校參與試辦。

二、彰化縣國民小學實施教訓輔三合一方案現況

（一）實施計劃源起

彰化縣現有國中 40 所，國小 175 所，及 1 所國中小（九年一
貫實驗學校）；歷年來致力推展青少年輔導工作，雖有效減少青少
年異常行為問題，但青少年因所處環境的因素，影響其行為導致問
題仍層出不窮。彰化縣政府當時配合教育部於 1998 年 7 月提出「建
立學生輔導新體制─教學、訓導、輔導三合一整合實驗方案」推廣
申請要點，藉由推動「教訓輔三合一整合實驗方案」進而提昇教師
輔導效能，營造學校輔導文化，結合並建構輔導網絡資源，為學生

統整規劃更具人性化的輔導服務，以培養健全人格的學生（彰化縣政府，2003）。

（二）九十一學年度

自九十一學年度起，彰化縣甫開始參與試辦教訓輔三合一方案，先將全縣 26 個鄉鎮劃分，平均每鄉鎮挑選一至三所國小試辦，共計 59 所國小參與此次實驗，詳如表 2-3-3（彰化縣政府，2003）。

表 2-3-3　彰化縣九十一學年度參與教訓輔三合一實驗國小

區域劃分	鄉鎮市	學 校 名 稱
彰化區	彰化市	中山國小、東芳國小、大竹國小、南郭國小、忠孝國小
	芬園鄉	芬園國小、寶山國小、茄荖國小
	花壇鄉	花壇國小、華南國小
和美區	和美鎮	和美國小、和東國小、培英國小
	線西鄉	線西國小
	伸港鄉	伸東國小、新港國小
鹿港區	鹿港鎮	鹿東國小、海埔國小、新興國小
	秀水鄉	明正國小、秀水國小
	福興鄉	大興國小、文昌國小
員林區	員林鎮	員林國小、僑信國小、東山國小
	大村鄉	村上國小
	永靖鄉	永靖國小、德興國小
二林區	二林鎮	原斗國小、中正國小、中興國小
	埤頭鄉	合興國小、埤頭國小
	大城鄉	美豐國小
	芳苑鄉	王功國小、民權國小
溪湖區	溪湖鎮	媽厝國小、東溪國小
	埔心鄉	羅厝國小、埔心國小
	埔鹽鄉	埔鹽國小、天盛國小
田中區	田中鎮	大安國小、三潭國小、東和國小
	社頭鄉	舊社國小、社頭國小、崙雅國小
	二水鄉	二水國小、復興國小

北斗區	北斗鎮	螺陽國小、北斗國小
	田尾鄉	田尾國小、仁豐國小
	溪州鄉	溪州國小、成功國小、水尾國小
	竹塘鄉	長安國小

資料來源：彰化縣政府（2003）。彰化縣九十一學年度建立學生輔導新體制資料專輯（VCD 版）。

　　彰化縣教育局希望藉由教訓輔督導小組的成立，來督導、分享、觀摩及評鑑活動，促進各校不斷的對話、省思與修正，建構全縣性團隊學習機制，進而營造一個具有輔導文化的教育園地。其架構如圖 2-3-1 所示（彰化縣政府，2003）。

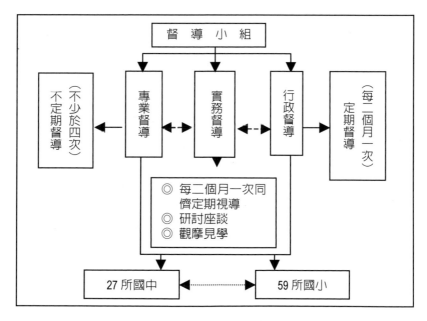

圖 2-3-1　彰化縣實施「建立學生輔導新體制」督導機制架構圖

資料來源：彰化縣政府（2003）。彰化縣九十一學年度建立學生輔導新體制資料專輯（VCD 版）。

（三）九十二學年度

彰化縣遵照教育部之規定，自九十二學年度起，全面參與試辦教訓輔三合一方案，因此全縣 175 所國小全面投入。實施作法是先將全縣分為八區（彰化、和美、鹿港、溪湖、員林、北斗、田中、二林等八區），然後賦與推動任務，企盼此措施能增加實施成效與建立各區特色，其任務與區域劃分如表 2-3-4（彰化縣政府，2003）。

表 2-3-4　彰化縣九十二學年度參與教訓輔三合一實驗各區域任務特色

執行分項	執行事項	分配區域
一、成立「建立學生輔導新體制」各種規劃、執行督導小組。	1. 成立「建立學生輔導新體制規劃小組」。 2. 召開「建立學生輔導新體制規劃小組」會議 3. 成立「建立學生輔導新體制執行小組」。 4. 召開「建立學生輔導新體制執行小組」會議 5. 研擬及推動本縣「建立學生輔導新體制實驗方案」。 6. 召開推廣工作檢討會。 7. 辦理實驗計畫績效評估暨成果報告。 8. 將實驗方案各項工作列入校務工作計畫。	彰化縣教育局
二、研訂篩選及輔導標準程序。	1. 執行高危險群學生篩選工作。 2. 主動協助高危險群學生適應學校生活。	員林區
三、激勵全體教師參與輔導工作，落實教師輔導學生職責。	1. 辦理教師輔導知能研習基礎班、進階班暨座談會、研習及個案研討會。 2. 編印教師輔導工作手冊,引導教師教學中善盡輔導。 3. 推展多元性團體輔導活動，激發學生多元潛能。 4. 充實輔導資源及設備，提供教師輔導性輔具，幫助學生適性發展。	和美區

四、提昇學校教師教學效能,落實輔導觀念融入各科教學。	1. 均有補救教學及多元教學、多元評量措施,擴展學生學習機會。 2. 強化各科教學研究會功能,絡實輔導理念融入各科教學歷程中。 3. 研訂學校本位教師進修成長計畫並實施。	鹿港區
五、考核中輟復學生輔導績效。	1. 規劃中輟復學輔導辦法。 2. 主動協助中輟復學生適應學校生活。	北斗區
六、結合校內外資源及網路,建構學校輔導網路資源,以強化教訓輔三合一運作功能。	1. 建立學校暨社區輔導網絡,發送教師及家長網絡資源摺頁。 2. 辦理網絡運作與危機處理活動。 3. 調查並建立社區人士暨家長義務為校服務的志工人力資源。 4. 辦理學校教師、行政人員、志工及家長研習、座談等活動。 5. 辦理親職教育相關活動暨班級家長會活動。 6. 建立校園危機處理小組,並強化運作功能。 7. 教師定期與家長聯絡,行政人員定期與網絡資源單位聯絡。	溪湖區
七、調整學校訓輔行政組織,建構有效能的輔導新體制,加強教訓輔三合一之橫向聯繫	1. 在教職員工總額不增加,不影響人事編制經費下,彈性調整學校行政組織,建立最佳互動模式,並對師生及家長提供「單一窗口」多元性服務。 2. 皆成立「建立學生輔導新體制執行小組」,加強各處室間互動聯繫,並擬訂及執行該校之實驗計畫。 3. 訓導處兼具輔導學生初級、二級預防功能。 4. 輔導室調為輔導處或諮商中心,並增設輔導教師為原則,加強學生輔導二、三級的預防服務工作。 5. 將實驗方案各項工作結合校務,列入學年度校務工作計畫中實施。	二林區
八、辦理三級預防危機管理輔導研討。	1. 研訂危機管理標準程序。 2. 辦理危機管理輔導研討。	田中區

九、進行教學視導及教師評鑑，建立實驗方案及時回饋機制。	1. 接受行政督導指導並評鑑。 2. 執行小組定期召開實驗方案工作檢討會,並研擬修正策略。 3. 訂定實驗方案進度表、自評表及建立各項工作歷程檔案。	彰化區

資料來源：彰化縣政府（2003）。彰化縣九十一學年度建立學生輔導新體制資料專輯（VCD 版）。

第四節　教訓輔三合一方案相關研究

　　本節將針對教訓輔三合一方案與偏遠地區國民小學之相關研究進行探討及文獻回顧。

一、國內教育界對教訓輔三合一方案的研究與討論

（一）國小教師對教訓輔三合一方案之認知

　　針對國小教師實施教訓輔三合一方案的認知表現進行研究，韓瑞霞（2001）曾以八十九年度前實施教訓輔三合一之國小教師為問卷調查對象，發現學校規模 12 班以下、鄉村所在地區的教師認知程度較其他規模、地區學校的教師來得高。然而，廖建溢（2003）的研究卻認為學校規模大小並不影響教師對教訓輔三合一方案的認知狀況，他以嘉義市 18 所公立國小 450 名教師為研究對象，結果顯示學校規模 13-36 班教師在教訓輔三合一整合實驗方案認知平均數，均優於其他學校規模，但就整體而言差異並不大，認為是因

研究施測的母群體為嘉義市公立國小教師，一方面因學校規模差異不致於太大，另一方面整個嘉義市區腹地不大，因此教師研習方便，政令與交辦事項及各種訊息宣導傳達暢通，所以學校規模大小不致影響到教師認知狀況。

　　以上二項研究研究均採量的問卷調查方式，由於是教師自行填答評量，可能會發生理想化、偽裝性、自我期許或社會性傾向等反應，使結果產生測量誤差性。除此，韓瑞霞的研究對象為 2000 年以前實施教訓輔三合一方案的國小學校教師，屬於方案之「中型規模實驗期」，參與試辦學校需經主管機關依所屬學校之規模與地區分佈向規劃委員會建議，審議核定後才擴大實驗，因此試辦學校特質或教師本身概念可能已經與一般學校教師有所差異。至於廖建溢的研究則是以嘉義市區小學教師為對象，學校規模從最少的 11 班到最多的 74 班，均未有類似偏遠地區的 6 班小學校，這也是激發研究者想要探討偏遠地區小學實施教訓輔三合一方案的其中一項原因。

（二）實施教訓輔三合一方案對學校組織文化產生之影響

　　組織文化是指組織內部運作過程中或與外界互動時，成員長期累積發展的各種產物，包括：信念、價值、規範、態度、期望、儀式、符號、故事與行為等，組織成員共同分享這些產物的意義後，會以自然而然的方式表現於日常生活之中，形成組織獨特的特性（吳秉恩，1986；吳璧如，1990；吳清山，1998；林志成，1992；張德銳，1990；Hawkins，1997；）。傳統的學校組織文化是由學校歷史的沿革、內涵和組織成員所共同形成，但隨著目前學校外在環境的改變，如：學校的社區化、家長參與的觀念以及教育政策與社會經濟的力量等重要因素，學校文化亦因此隨之改變（吳清山，1998）。

1998 年 7 月教育部依照教育改革諮議總報告書中的建議，為求建立學生輔導新體制，提出教訓輔三合一整合實驗方案，本著預防重於治療的教育理念，除激勵全體教師參與輔導工作外，並希望結合社區資源，期能為學生規畫出更周延的輔導協助系統。但此次實施學生輔導新體制，也對學校組織文化產生諸多影響，茲分述如下：

1.轉換與重新定位輔導室角色

1979 年國民教育法正式公佈，第十條中明確規定國民小應設輔導室或輔導人員，國小輔導行政體制才正式確立（吳清山，1996）。但在 2003 年 5 月，立法院教育與文化委員會卻又一讀通過「國民教育法第十條修正案」，打算刪除原先「應設置輔導室或輔導人員」的條文，如此作法令人感到不可思議（鐘炳雄，2003），也讓人有一種學校輔導行政體制似乎可有可無的感慨。

楊春生（2001）曾以八十八學年度經由教育部審核小組，審核計畫通過之 63 所各級教訓輔三合一方案試辦學校，以及基隆市全面試辦國民中小學中，隨機抽取國中小學各 5 所，總計 1,000 名教師做為研究的樣本，發現學校規模為「7-12 班」學校是較適合全面推動實驗方案的學校。但根據「國民教育法」第十條規定，十二班以下之國小行政組織編制為教導處、總務處，至於輔導室或輔導人員的設置，依省（市）政府視財政狀況及實際業務需要，另訂員額設置（教育部，2004），某些縣市十二班以下的國小根本沒有「輔導室」之設置，對於學生輔導工作的推動似乎也較無法著力。

事實上，在 1998 年這次大刀闊斧的教育改革中，「學生輔導」為教訓輔三合一方案的主軸，為求建立專業新形象，也將「輔導室」更名為「輔導處」，象徵著原先處於邊陲地位的輔導室已解禁，向

專業更邁一大步。但有許多輔導室人員，在轉換角色，扛下整合學校輔導工作這樣的重責大任前，對於從理想到實踐間的符合度，也抱持著質疑的態度，可說是既期待又怕受傷害（柯禧慧，1999）。

2.重視全面品管理的行政革新

「追求卓越，提昇品質」一直是教育努力的方向。英美等國的教育學者為提昇日益低落的教育水準，於 1990 年以後開始思索如何利用有效的管理方法，來提升教育的品質，於是全面品質管理遂受到教育界所重視，認為它對教育品質的提升具有價值（曾榮華，1996）。

全面品質管理的理念是透過組織內部的整合、一致，達到完成工作的目標，在心態上，應由「若產品沒有缺點，不必修改它」，轉變成「我應該如何改進、提升它」。這種思想的轉換，不但能提升內、外部顧客的滿意度，也將會改變整個組織文化。尤其是學校行政人員，身繫學校行政決策的重責大任，倘若一味蕭規曹隨沿襲舊制，不思精進之道，面對資訊爆炸的廿一世紀，與日益複雜的社會，恐怕將慘遭淘汰的命運。故除了要追求新的策略思考模式，持續不斷的改進外，「事先預防」亦是全面品質管理的另一項重要理念。傳統的想法是任何東西都不會完美無缺的製造出來，因此，一定得花時間、精力把它找出來，全面品質管理的想法則認為品質問題可事先預防，關鍵在「每一次、第一次就做對」，積極採取錯誤可事先設計予以消除的態度，就會以「如何改進」之主動精神，經由管理程序把失誤減低至最少。基於這種理念，管理階層的行政人員在推行各項新措施前，先透過不斷的修正、溝通協調，取得共識後再予實施，如此，自然不易因思慮不周或是決策錯誤等可避免因素，造成失敗的結果。教訓輔三合一方案最終目標就是實現帶好每

位學生的願景，而學校輔導工作是學校教育不可或缺的一環，因此，教師不管是教學或是輔導學生時，若能應用「全面品質管理」的理念，相信國民小學的輔導品質必可獲得提昇。

3.強化教學與輔導學生機制運作

美國布希總統在宣誓就職一週內提出把每一個孩子帶上來（No child left behind）的理念，這和我們實施教訓輔三合一方案最終目標幾乎是不謀而合的。所謂帶上來，應該是把輔導理念落實在孩子身上，讓他們探所出自我的需求、性向的發展，使其在受教育的過程中，能找到適性發展的道路（沈浪，2004）。

在學校中要增進一般教師輔導理念融入教學、提高辨識學生行為問題的能力、扮演好導師及認輔教師的角色、會運用團體動力經營優質班風，也願意個別關懷一、二位適應困難或行為偏差學生，其不二法門便是「全面提昇教師輔導知能」，使教師普遍具備輔導的基礎素養，並願意以輔導的觀念態度來對待學生（李錫津，2001）。除了一般教師初級的預防輔導，輔導室則擔負起二級預防的工作，針對受輔學生中有需要的個案，商請校內具有專業或半專業素養的輔導教師進行個別輔導及小團體輔導。至於三級預防工作，輔導室則必須針對需要特別輔導的個案（如：自閉症、過動兒、感覺統合失調學生等），藉由引進網路資源協助診斷治療及必要的復健工作（鄭崇趁，2001）。

4.鼓勵教師全面參與認輔工作

「認輔制度」是由認輔人員，認輔適應困難、行為偏差或中輟、拒學的學生，協助學生找回自信及學習動機，並能快樂成長。自教

育部 1995 年公佈「認輔制度」實施要點以來，認輔制度的推廣與實施，尚未獲得一般教師的普遍認同，其原因有二：其一為多數教師自認為未具備輔導專業知能，對認輔學生產生猶豫；其二是願意認輔學生（個別關懷），但不願意摘記認輔紀錄冊，覺得是項沉重的負擔（柯禧慧，1999；鄭崇趁，2001；）。每所學校無可避免有需要關懷與輔導的學生，這些學生更需要教師的協助，因此，學校藉著認輔制度的推動，可增進師生的有機互動，達到善盡輔導學生的職責（吳文賢，2001；吳榮鎮，2002）。

「教師法」第十七條教師的義務中規定：「輔導或管教學生，導引其適性發展，並培養其健全人格」（法務部，2004b），教訓輔三合一方案明定的策略二「落實教師輔導學生職責。」以及與其相呼應的方法四至方法七，都是強調教師在教學的過程中應積極輔導，甚而認輔一至二位適應困難、行為偏差或中輟復學的學生，協助學生得以順利成長發展。

5.強調學校本位的學習型組織

教育部頒行教訓輔三合一方案，對於實驗學校要求以「提升教師輔導知能」、「教師能夠將輔導理念融入教學」、「活絡輔導網路運作」為核心經營學校，就學習型組織理論的運用來看，「帶動全體教職員工進入學習狀態」方為最佳之策略。因此，學校行政人員在規劃進修活動時，會統整考量教師教學與輔導之各方面需求（如教改政策、輔導知能、九年一貫課程、有效教學、專門知能、專業知能等），安排相關之研習課程，鼓勵教師參與行動研究，帶動教學研究之風氣，便能有效提昇整體教師之專業素養，增進教學與輔導效果，使學生獲得更佳的學習（鄭崇趁，2001；吳錫鑫，2003）。

6.活絡社區輔導資源

　　不管是預防性、發展性、治療性的輔導工作，均需要依靠團隊合作來加以完成。而成立學校輔導網絡的主要目的，就是在結合整體的社會輔導資源，共同擔負輔導的責任，進而提昇輔導的效能。在社區意識逐漸發展的今日，學校與社區實際上已是密不可分的關係，學校與社區二者若緊密合作、資源共享、相輔相成，可凝聚成生命的共同體。　以往的學校總是扮演較封閉的角色，教師就是教室裏的主人，社區家長難得走入校園，甚至是教室。因此國小推動教訓輔三合一方案後，研究調查發現國小教師對於「結合社區輔導網絡資源」這項策略，因其接觸與執行機會較少，所以較不清楚（韓瑞霞，2001；廖建溢，2003）。為增強家長走入學校參與活動的意願，試辦學校會透過刊物、文宣及各種座談會告知家長，將願意投注的社區家長資源納入，並建立學校資源手冊，使教師能善用其協助辦理學生輔導工作，為學生提供更多的學習活動，以提昇其學習意願。此外，學校也會發掘社會可用資源，如：家扶中心、兒福中心、警察少年輔導委員會、家庭教育中心、各醫療院所、宗教團體等可以求助的單位，讓學校輔導工作不再孤立無援，有利於學校成功地推動教訓輔三合一方案，因此，結合社區輔導網絡資源是推辦過程中很重要的一項策略（傅木龍，1999；柯禧慧，1999；吳文賢，2001）。

（三）國小實施教訓輔三合一方案之相關研究彙整

　　「教學、訓導、輔導三合一整合實驗方案」是教育部 1998 年公佈的教育改革行動方案中一項重要的工作，雖然在 2005 年將「教

訓輔三合一方案」併入學生訓輔（友善校園）工作項目內，並定名為「學生輔導新體制」，但此一方案的精神仍繼續延續。茲將國內國小實施教訓輔三合一方案之相關研究彙整如表 2-4-1。

表 2-4-1　國小實施教訓輔三合一方案之相關研究

研究者	研究主題	研究對象	研究方法	主要研究結果或建議
韓瑞霞（2001）	國民小學教師對「建立學生輔導新體制 — 教學、訓導、輔導三合一整合實驗方案」認知與實施成效研究	2000 年前實施教訓輔三合一之國小教師，包括兼行政如校長、主任、組長和級任導師、科任教師等計832 人	問卷調查法	1. 教師對教訓輔三合一核心理念有高度認知。 2. 實施教訓輔三合一方案，學生受到較妥善的照顧。 3. 實施教訓輔三合一方案，有助於提昇教師知能。 4. 實施教訓輔三合一方案，教師與學校人員間的互動更密切，有助於建立對學校的共識。
楊春生（2001）	教訓輔三合一整合實驗方案方案對試辦學校組織文化影響之研究	88 學年度教育部審核通過 63 所各級試辦學校及基隆市全面試辦國民中小學中隨機抽取之1000 名教師	問卷調查法、訪談問卷交叉比較	1. 各級主管教育機關應給予試辦學校充分支援協助。 2. 行政機關對教訓輔三合一方案應加強理念之宣導工作。 3. 與校內教師充分溝通，建立共同目標及願景，規劃符合學校本位之計畫內容。 4. 引進社區專業輔導網絡資源、義工，學校方能事半功倍。 5. 教師必需體察時代脈動，再學習、團隊合作，才能一起成長。

| 簡毓玲 張秋華（2001） | 台北市國語實驗國民小學建立學生輔導新體制實驗結果暨「行政組織架構」調整之研究 | 問卷對象包括校內教師150份、家長委員29份及志工家長50份，回收率34.5% | 問卷調查法 | 1. 教訓輔三合一方案值得大力推廣，讓學校藉機整合資源，嘉惠學生，提昇教學效能。
2. 仍有多數家長、老師對此方案不甚瞭解，宜更廣為宣導。
3. 行政組織調整宜注意事前宣導、溝通，採漸進方式。
4. 行政伙伴心態、觀念的改變較行政組織的調整重要。
5. 教育部、教育局宜促修法令，賦予學校更大的組織編制、彈性空間，以發揮最大效能。
6. 為求發展、預防、治療之功能，學校宜有專業輔導老師，以解決學生情緒、學習行為問題。 |
| 吳錫鑫（2003） | 教學、訓導、輔導三合一方案試辦學校輔導文化之研究 | 台中市最早參與試辦學校 | 個案研究法（使用訪談、觀察、文件分析） | 1. 教育行政機關應擴大全面實施、明定學校編制並彈性調整行政組織，方能提昇教育效果。
2. 宜增設學校專任輔導教師（人員）
3. 學校要落實各項策略內涵，評估教師研習成效，確保其專業。
4. 校方要適時更新資源網絡，強化輔導效能。
5. 全體教師要有皆負導師職責之共識，落實輔導制度。 |

| 廖建溢
（2003） | 國小教師對「教學、訓導、輔導三合一整合實驗方案」的認知及工作壓力關係之研究 | 嘉義市 18 所公立國民小學教師共 450 名 | 問卷調查法 | 1. 國小教師對教訓輔三合一方案有中等以上認知水準。
2. 不同年齡、學歷背景、服務年資、職務之教師在教訓輔三合一方案認知及其所感受工作壓力上有顯著差異。
3. 國小教師對教訓輔三合一方案實施所感受到的壓力屬於中等偏低。
4. 國小教師對教訓輔三合一方案認知得分與其工作壓力有顯著相關，且呈負相關。 |
| 陳根深
（2003） | 國民小學行政組織結構調整對學校效能影響之研究－以教訓輔三合一整合實驗方案為例 | 探討實施「建立學生輔導新體制實驗方案」第二年的二十六所實驗學校其行政組織結構調整對學校效能的影響 | 問卷調查法
實地觀察法 | 1. 現行國小行政組織結構存在問題，調整國小行政組織結構，可明顯提昇學校效能，亦有助於家長、社區資源的整合與運用。
2. 在總量管制的前提下，教育主管行政機關應授權學校發展委員會自訂學校行政組織結構，以落實學校本位的組織發展。
3. 國小應設「學校董事會」或「學校發展委員會」，以自主決定學校行政組織結構，減少不必要的法令限制，加強校務運作的彈性空間。
4. 為促進社區、家庭、學校的整合發展及資源的有效運用，學校行政組織結構應設適當的單位，以便專責資源整合的工作。 |

5.「單一窗口服務」有助於學校效能的提昇。不同規模國民小學可根據自身需求，彈性訂定組別或設置各種專業人員之結構模式。

| 王澤瑜（2004） | 台南市國民小學推展「建立學生輔導新體制---教學、訓導、輔導三合一整合實驗方案」實施現況之研究 | 台南市參與試辦校長、主任、教師864名 | 問卷調查法 |

1. 台南市國小教育人員對於教訓輔三合一整合實驗方案的整體「策略認知程度」、「參與態度」及「實施成效」知覺，有中高程度以上的瞭解與認同。

2. 台南市國小教育人員在教訓輔三合一整合實驗方案的策略裡，對「調整訓輔組織運作及行政效能」的認知，尚可再加強。

3. 台南市國小校長及主任對於教訓輔三合一整合實驗方案的「策略認知程度」、「參與態度」及「實施成效」知覺上，都顯著高於教師。

4. 台南市服務年資21年上的國小教育人員，在教訓輔三合一整合實驗方案的「參與態度」，有較佳的表現。其專業與敬業之表現足為表率，值得教育主管機關給予肯定與鼓勵。

5. 台南市國小教育人員對教訓輔三合一整合實驗方案的「策略認知程度」與「參與態度」對整體「實施成效」，具有預測作用。

分析整理上述研究後，發現以下幾點結論：

1. 教師對教訓輔三合一方案理念認知，雖然因為其年齡、學歷背景、服務年資、職務或是服務學校規模、所在地區等因素而有所差異，但是學校若能擴大宣導，或是定期舉辦研習活動，有利於增進對教訓輔三合一方案的認知。

2. 在推動教訓輔三合一方案前，學校行政人員、教師應做好溝通，建立共同目標與願景，規劃出最符合學校本位之計畫內容，方能有效執行此方案。

3. 學校若能建立輔導人力資源庫，適時引入校外專業輔導網絡資源、義工，除可強化輔導效能外，更可達事半功倍之效益。

4. 學校宜增設專業輔導教師，或提昇教師專業輔導知能，並鼓勵全校教師積極主動全面參與導師工作、認輔學生，以解決學生情緒、學習行為問題，落實導師初級預防功能，讓學生受到最好的照顧。

二、偏遠地區國民小學之相關研究

（一）偏遠地區的定義

教育部（2000）針對國內偏遠地區學校，訂定以下界定指標：（1）學校所在地區，無公共交通工具到達者。（2）學校距離公共交通工具站牌，達五公里以上者。（3）社區距離學校五公里以上者，且無公共交通工具可到達學校者。（4）公共交通工具到學校所在地區，每天少於四班次，或公共交通工具每天八班以內仍無法配合上下學者。

　　除教育部所訂之指標，國內有幾位學者也曾提出偏遠地區的定義或特性說明，以下就表 2-4-2 所列學者所提的看法進行彙整與探究。

表 2-4-2　偏遠地區定義與特性之彙整表

研究者	年代	研究者所提偏遠地區之定義與特性	研究主題
廖榮利	1981	1.地理不便；2.人口不多；3.經濟不利；4.教育不發達，上述條件交互影響後將導致生或條件更加惡化的地區。	臺灣偏遠地區的社會福利
陳天竹	1990	1.交通條件不佳；2.自然、經濟、文化條件不佳；3.位於山地、海邊、離島或偏僻地區。	加強偏遠地區國民教育，貫徹教育機會均等
曾世杰	1996	1.人口密度稀少（每平方公里耕地 1000 人以下）；2.至都會區水陸交通不便（需超過二小時）。	偏遠地區的身心障礙教育
許興讓	1997	1.文化程度較低；2.學習意願較低；3.從事初級生產；4.低所得難進修；5.較無休閒觀念；6.知識菁英外流；7.老幼比率過高。	偏遠地區圖書館的經營之道
蔡光昭	1998	1.交通不便；2.人口分散；3.人口老化；4.物質生活差異；5.教育水準較低；6.經濟水準較低。	偏遠地區醫療問題探討

　　在一般大眾普遍的概念認為「偏遠地區」是指山區、土地貧瘠、交通不易到達之處。曾世杰（1996）從字面上解釋，認為是以某根據地為中心出發點，人口密度稀少或是至都會區水陸交通不便為界定標準。但若從文化面向解釋，偏遠地區則指文化傳播的管道較少、人民進修的意願較低之地區。至於本研究所定義的偏遠地區，僅指彰化縣內交通不便、資訊及物資較缺乏、文化貧瘠、人口趨於

老化、生活條件貧乏，大多數經濟、政治、文化及教育較一般地區有差異之平地區域（許興讓，1997）。

（二）偏遠地區國民小學之教育問題現況分析

偏遠地區小學有學校規模小、組織扁平、互動性高、環境優雅等優點，但因為教師流動性高、專業知能不足、社區民眾和家長人力資源較缺乏、學生文化刺激不足等因素（江連君，2003），相對造成諸多的教育問題，對於九十二學年度起將全面實施教訓輔三合一方案的政策推動，或許將造成影響。

1.教職員工編制員額有限

國小行政組織之編制是以「國民教育法」為主要法源，本法第十條規定國民小學視規模大小酌設教務處、訓導處、總務處，或教導處、總務處。另應設輔導室或輔導人員。同法第十二條並授權教育部訂定「國民小學之教職員額編制標準」。但是，「國民小學與國民中學班級編制及教職員工員額編制標準」第五條又授權省（市）政府得視財政狀況及實際業務需要，另訂員額設置有關規定（教育部，2004）。依據現行法令規定，國民小學教職員員額編制如下：

(1) 校長：每校置校長一人，專任。

(2) 主任：各處、室及分校置主任一人，均由教師兼任。

(3) 組長：各組置組長一人，均由教師兼任。

(4) 教師：每班置教師一、五人為原則，全校未達九班者，得增置教師一人。但財政困難之地區，得由直轄市、縣（市）政府另訂實施年度。辦理實驗之學校得視需要增置教師；其增置標準，視實驗性質訂定之。

(5) 輔導教師：二十四班以下者，置輔導教師一人，二十五班以上者，每二十四班增置一人，均由教師兼任。

(6) 幹事：（含各處、室職員及圖書館、教具室、實驗室管理員等，不含人事、主計專任人員）七十二班以下者，置一人至三人；七十三班以上者，置三人至五人。

(7) 護士或護理師：七十二班以下者，得置一人；七十三班以上者，得置二人，並得置兼任醫師。辦理醫療實驗之學校，得視需要增置護士或護理師。

(8) 住宿生輔導員：山地及偏遠地區學校，學生宿舍有十二人以上住宿生者，得置住宿生輔導員一人，五十人以上住宿生者，得置二人。但學生宿舍有十一人以下住宿生者，必要時得置住宿生輔導員一人或指派專人兼任。

(9) 營養師：自行辦理學校午餐者，每校得置營養師或特約營養師。但採聯合辦理者，其人員設置，由直轄市、縣（市）政府另訂之。

(10) 人事及主計人員之設置，依人事、主計人員設置標準辦理。

因此可知，學校行政組織及員額編制都有法源依據，學校僅能依現有法規，安排單位處室與人員工作職掌，無法任意加以調整。除了教育部訂定學校行政組織及員額編制外，彰化縣另外又將國民小學學校規模分「智、仁、勇」三類，係以學校班級數來劃分，智類指 36 班以上學校；仁類指 35 至 13 班學校；勇類則指 12 班以下學校。至於「偏勇」係指偏遠學校加上勇類的意思（彰化縣教育局，2004），希望國小屬於此種學校類型。

彰化縣十二班以下學校行政組織配置如圖 2-4-1 所示，分為教導處、總務處及輔導室：教導處主任通常兼任人事工作，底下設教

務、訓導二組，另外，視學校狀況得由教師兼任資訊教師，但並無職務加給；總務處底下設教師兼任的出納一名（無職務加給）；另與總務處並行的教師兼任會計（又稱主計）則是負責學校經費的審核；至於輔導室雖然名為主任，事實上底下並無任何協助、支援教師，其授課節數亦依學校狀況不同而有所差異。若學校為自辦午餐學校，通常還須兼任學生營養午餐執行秘書。然而，偏遠地區國小只有六班，全校教師（含主任）僅九人，人力嚴重不足，致使教師兼辦行政的情形更為嚴重，諸如教學、學生營養午餐業務與學生用餐指導、交通指揮、學生校外安全維護、設備修繕、工程招標比價等行政工作也必須由全校教師兼任、分擔，造成老師莫大的額外負擔（陳麗珠，1998），這樣的偏遠小學目前在縣內共有 40 所（教育部，2004）。

2.教師進修機會較少

　　多元的進修內容與議題，能讓教師的專業與生涯規劃更加的厚實，但是偏遠地區的教師卻常因為許多不利進修的因素——課程設計不符合需求、工作負擔重、缺乏互動學習、學習內容無法多樣化，此外尚有家庭、時間、距離、經費等因素，也會影響其進修的意願（黃勝發，2002）。一般而言，偏遠地區學校，無論是校內進修或是學位進修的機會都比較少：校內進修，常常因為授課教師難以聘請、設備與經費不足等因素，難以滿足教師的需求；學位進修則易受限於時空因素及工作負擔過重等因素影響就讀意願。

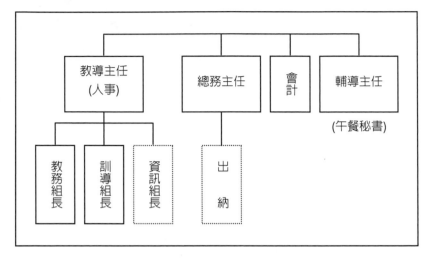

圖 2-4-1 彰化縣十二班以下之國民小學行政組織圖

資料來源：本書作者整理。

3.學生缺乏學習動力、成就感

天下雜誌於 2004 年 5 月中旬，曾針對全台 180 所偏遠國小實施問卷調查，其結果顯示約三成一學生來自單親或隔代教養家庭，近一成來自低收入戶家庭。九成二受訪校長認為，家庭加速喪失教養功能，不到三成家長會協助學校購書，甚至有兩成三的偏遠國小在 2003 年間都沒有任何圖書購置經費（聯合新聞網，2004），顯示偏遠國小學童在學習背景與環境上，較一般地區學童不利。

陳仕宗（1994）曾針對偏遠國小學生學業成就的社會環境因素進行探討，發現學童會因居住地區、家庭特徵、學校組織結構、教師工作滿意等因素，影響其學業成就。許興讓（1997）認為偏遠地區文化激盪管道明顯不足，兒童的休閒活動多以看電視為主，閱讀活動尚未成為風氣，況且學習意願高自然導致教育程度較高與技術

水準較強，紛紛到外地（尤其是都市），留在故居者，自然在平均值上形成教育水準較低、文化程度較差及學習意願比較低的現象。因此，偏遠地區學生因為受到主客觀因素的影響，在學業上的成就感較一般地區學生低，對課業自然容易缺乏興趣。

4.學校設備無法配合

偏遠地區學校由於學生人數少，收取的費用也比較少，因此，不管圖書、教學媒體等設備，均較簡陋，無法配合教學上之需要。至於硬體、軟體設備，也會因班級數少，各科教師無法聘齊，及教師流動率大，經常發生有設備而無法充分使用之現象。

5.家長較不關心教育

偏遠地區產業落後，所以鄉庫貧窮困乏，自難以有充足的經費做文化上的發展與執行，當然也無經費增聘人才執行文化建設。產業落後，所以留不住人才；為謀生活與發展前途，自然往外地發展，所以菁英與青壯人才，紛紛外流，只留下老弱與文化程度較低者，他們本身欠缺進修意願與學習熱度，對於孩子的教育也無暇關注。此外，偏遠地區社區家長多半經濟貧困，生活困苦，學校經費只能仰賴政府的補助，自有財源（家長會、地方人士捐款）少之又少。

三、結論

偏遠地區學校，因為經濟、文化不利、時空背景等各項因素的影響，資源顯然不足，對於教育活動的推展往往形成不可避免的困境。幸而，近年來政府為均衡城鄉差距，關注弱勢族群，自 1995

年起推動「教育優先區計畫」試辦，1996 年依據試辦經驗訂定「教育部教育優先區三年計畫」，1996 年至 1999 年各編列 30 億、40 億、36 億、7.6 億元專款，1999 年下半年及 2000 年編列 19 億元，補助包括：推展親職教育及學校社區化教育活動、文化不利地區學校課業輔導及發展教育特色等十個項目，以有效解決文化不利及弱勢地區的教育問題（中華民國教育年報，1999）。本書探討的個案國小因符合教育優先區補助偏遠地區學校指標，自 1996 年起曾多次申請經費，辦理親職教育、課業輔導及發展學校特色（例學生直笛、扯鈴）等活動，成效均獲得社區家長的肯定，故選定此具特色的偏遠地區國小為本書的個案國小。

第五節　行動研究

　　隨著國民學校小班教學精神、九年一貫課程等諸多教育改革的推動，學校行政運作與教師教學型態亦隨之改變，因此，教育工作者自省與行動研究的能力也愈形重要。期望透過行動和研究相結合的模式，改進、修正教育情境內遭遇的問題，藉以達成預定之教育目標。以下將就行動研究的起源、意義、目的、研究歷程與特徵進行探討。

一、起源

　　行動研究方法的起源，可追溯至第一次世界大戰期間，由 Moreno 研究中心所進行的團體心理治療過程為發軔。到 1940 年代

中後期，美國心理學家 Kurt Lewin 在進行心理學及團體動力學研究的過程中，改變過去對於研究對象應保持客觀中立的態度，改採開放受訓者與研究者互動並共同討論研究內容，研究發現讓受訓者觀點和意見回饋給研究者，有助於釐清研究焦點，甚至協助研究方向之修正。在此背景下，Lewin 發展出行動研究的模型（鄭增財，2002）。

　　Lewin 提出行動研究的同時，John Collier 於 1945 年亦進行類似的行動導向研究取徑，用以改善原住民事務；在英國的 Tavistock 研究中心研究員，同樣採用行動導向的方法，解決英國在二次世界大戰後，英國戰俘在社會中產生之社會問題（引自陳彥佑，2004）。由上述歷史得知，同一時期內，在不同地點卻發展出相似的研究概念，顯示出行動研究確有其必要性與實用性。

二、意義

　　1940 年代，美國社會心理學家 Lewin 首創行動研究（Action Research，簡稱 AR）一詞，因行動研究具有瞭解教育實況、改革教育問題的功能，使研究者達到結合教育理論與實踐的理想，所以無論是教育計畫的實施，或是教學設計的發展與評鑑等相關問題，皆可以行動研究來謀求革新與突破的重要途徑（陳惠邦，1998；甄曉蘭，2003）。

　　國內外不少專家學者曾針對行動研究提出其個人看法與定義，如表 2-5-1 所示。

表 2-5-1 行動研究之意義彙整

研究者	年代	研究者對行動研究之看法與定義
Lewin	1940	將科學研究者與實際工作者的智慧與能力，結合在一件合作事業之上的方法（引自陳惠邦，1998）。
Torbert	1976	結合個人成長與團體動力，建立探究社群的最實際作法（引自甄曉蘭，2003）。
Cohen & Manion	1985	其意義有診斷、治療兩階段，前者在分析實際問題，然後確定研究目的和研訂計畫進行研究，後者指對研究計劃執行結果的考驗，審視實際問題是否解決（引自江連君，2003）。
Reason	1988	不僅是種研究方式，也是種教育的型式、個人發展及社會行動的過程（引自甄曉蘭，2003）。
陳伯璋	1990	是研究和行動結合的一種研究方法；情境的參與者基於解決實際問題的需要，與學者、專家或組織成員共同合作，將問題發展成研究主題，進行有系統的研究，目的在解決實際問題，且在研究過程中，讓執行者的研究能力得以改善。
王文科	1995	其焦點不在追求根本知識，也不在尋求事例中的通則，更不在理論的發展與應用，而是在解決問題的即時應用。
成虹飛	1999	是一種追求瞭解與改變的實踐過程，不是學術知識的建構，而是實踐經驗的省思與分享。
葉連祺	2000	實務工作者結合其他人員的參與或協助，基於合作、平等、反省和批判等精神，使用質性或量化研究方法，以改善實務運作為目的之系統性持續探究和興革歷程。
盧美貴	2000	是在特定情境中進行的團體互動歷程，且經由研究和行動不斷的循環檢證。
甄曉蘭	2003	其基本立論根據為行動理論，注重從實際行動中發現問題、解決問題，更從行動中驗證理論，謀求進步。

　　行動研究係指研究、行動二要素，在實務工作的執行中緊密的
結合，行動研究強調在自然的研究情境中，避免一般實證研究中人
工化的模擬情境、或對複雜的社會真實情況的簡化。在整個探究過
程，透過「經驗」、「反省」、「對話」、「理解」之交互作用，讓每個
參與者的概念、實踐方式，得以循環修正、調整，從實際行動中發
現問題、解決問題，進而驗證理論，謀求進步（陳伯璋，1990；王
文科，1995；成虹飛，1999；葉連祺，2000；盧美貴，2000；甄曉
蘭，2003；Torbert，1976；Cohen 和 Manion，1985；Reason，1988；）。
由行動研究的意義可知，「行動研究」具有相當大的實用價值，教
育實務工作者若能妥善運用，對個人成長以及組織發展將助益良多
（吳清山、林天祐，1999）。

三、目的

　　夏林清（1997）提到教育行動研究的目的有四項：
（一）藉由研究發展和改善實務。
（二）藉由研究過程中所涉及的知識及實踐瞭解。
（三）發展教師的專業知識。
（四）發展和改進「教育」作為一個學門。
　　行動研究的焦點不在理論的發展，也不在普遍的運用，而是強
調解決現實情境中的問題。其目標在於改進學校實務工作，以及把
研究的功能與教師的工作相結合，藉以提昇教師素質，改進教師研
究技巧、思維習慣，促使教師與他人和睦相處，並強化教師專業精
神（王文科，1995）。因此，行動研究除了可以增進教育實務工作
者因應教育實務情境問題的能力，從而解決教育問題，亦可增進教

育實務工作者的教育專業理念，甚而協助獲得「教育實務工作者即研究者」的專業地位。

四、研究歷程

Lewin 是行動研究的重要先驅，其首建行動研究循環模式之概念如圖 2-5-1 所示（引自吳明隆，2001）。由圖 2-5-1 可知，行動研究基本上是一種規劃、行動、觀察、反省、再規劃的循環過程—研究者先評估情境規劃適合方案，再依據方案展開行動，之後經由觀察、反省的階段評估，發現問題尚未解決或有新問題出現，則應重新規劃行動方案、重新採取行動、重新進入現場觀察、重新批判反省並提出新的修正方案，直到問題獲得解決。

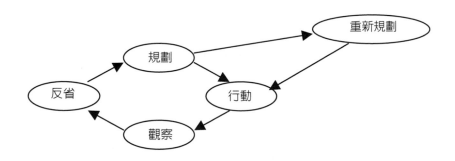

圖 2-5-1　Lewin 的行動研究循環歷程圖

資料來源：引自吳明隆（2001）。教育行動導論——理論與實務。頁 89。

不同研究者將行動研究分成不同步驟，茲分述如下。甄曉蘭（1995）將行動研究流程分為六個步驟，並強調「觀察」、「反省」，

並非階段性的步驟，而是融於整個過程中的持續動態形式，其主要步驟如下：（一）分析現狀；（二）發現問題；（三）擬定方案；（四）綜合情況；（五）採取行動；（六）評估成效。

　　高敬文（2000）指出行動研究應掌握以下六項步驟：（一）考慮時空、參與者動機、需求；（二）準備可能方案或對策；（三）到現場做初步探查（權謀運作，例如：協商、試放氣球）；（四）選擇可行方案試作（以軟性為原則）；（五）觀察實施情形，隨時修改原先計畫；（六）檢討反省，設計下一次計畫。

　　至於蔡清田（2000）則以美國學者 Lewin 的行動研究循環歷程為基礎，發展出如圖 2-5-2 所示，適合教育情境之教育行動研究歷程。他認為教育行動研究是一個持續不斷反省的循環，每個循環均可能包含：

（一）瞭解和分析一個需加以改善的實務工作情境或須解決的困難問題。

（二）有系統的研擬行動方案策略，以改善實務工作情境或解決困難問題。

（三）執行行動方案策略，並衡量其實際成效。

（四）進一步澄清所產生的新問題或新工作情境，並隨之進入下一個行動反省循環。

　　由上述可知，行動研究是一種系統化的探究歷程，經由每一個步驟的進行，逐次修正策略，以達實務工作者解決問題的目標。

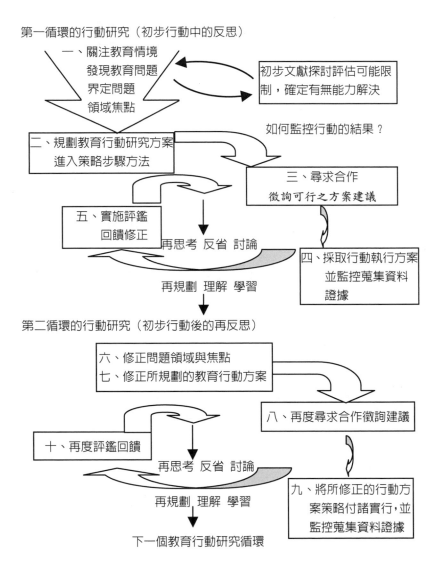

圖 2-5-2　教育行動研究循環歷程

資料來源：引自蔡清田（2000）。教育行動研究。頁81。

五、特徵

由以上對於行動研究的意義、目的、研究歷程說明，可以清楚發現行動研究有其特殊的性質，其特徵如下（蔡清田，2000）：

（一）主要從事行動研究的人員就是實際工作的人員

從事行動研究的人，就是實際工作者，同時也是研究的工具，必須與其他參與人員平等對話，充分合作。例如：在學校中進行的行動研究，不論是教學問題、課程問題、輔導問題或是行政問題，均由教職員本身從事研究工作；事實上，一個用心的教職員，最清楚本身工作上的問題，也易於著手去解決問題。

（二）從事研究的人員就是應用研究結果的人員

在一般的研究活動中，研究人員只負責研究，執行人員只負責實際工作的執行，研究與應用之間往往脫節。行動研究正好彌補此缺點，將研究者與應用者合而為一。

（三）行動研究的環境就是真實的工作環境

行動研究是走出圖書室或實驗室的一種研究方法，主要在自然、真實而特定的情境中，針對特定個案與問題進行探討，一個班級或整個學校就是研究者的「實驗室」。行動研究就是要針對這個環境的問題，直接謀求改善。

（四）行動研究過程中有時須仰賴專家的協助，但專家扮演指導的角色

在學校中，教師或行政人員的專業知識水準，雖然都相當高，但面臨問題時，若有專門研究這一領域問題的專家協助指導，則可避免嘗試錯誤，節省時間與精力。

（五）行動研究的過程採取共同計畫、執行與評鑑的方式

行動研究注重團體成員彼此間的互助與合作，凡與工作有關的人員均參與研究，或將專家與實際工作人員結合在一起，形成一個合作的研究團體。

（六）研究的問題或對象具有特殊性

行動研究的抽樣是以特定對象為主，不必具有普通的代表性。例如，研究某校的某些人、事、物，以解決該校行政、課程、教學或輔導上的問題時，樣本對象皆以校內者為限。

（七）運用多種蒐集資料方式

行動研究運用多種蒐集資料方式進行研究，不僅探討議題表面的現象，也觸及深層結構和意義、價值的省思，包括：訪談、觀察、文件分析等。

（八）行動研究的計畫是屬於發展性的計畫

研究過程採取共同計畫、執行與評鑑不斷循環檢證的方式。因此，行動研究的過程中，可以隨時透過團體討論與分析，

不斷地修正研究問題的假設與研究的方法，以適應實際情況的需要。

（九）行動研究獲得的結論，只應用於工作進行的場所，不做理論上一般性的推論

行動研究對其研究結論之處理，只能作為事例的參考資料，不作問題或情況以外的其他推論。

（十）行動研究的結果，除了現狀獲得改進之外，同時也使實際工作人員自身獲得研究解決問題的經驗

行動研究是在工作中研究，在行動中求進步，當研究告一段落，也是某一問題獲得解決之時，實際工作人員自身也獲得了經驗。

（十一）　行動研究的主要貢獻在於實際問題之解決

評論行動研究的價值，側重於實際情況所引起的改善程度，而不在於知識量增加之多寡。因此，某行動研究是否具有價值，要看它能將實際情況改進多少而定。

由以上文獻可以瞭解到，行動研究希望透過行動與研究的結合，減少學術理論與實務工作的差距，鼓勵實務工作者運用系統化解決問題模式，改善實務工作情境。因此，對於學校教育所能發揮的行動力、實務應用與即時解決問題的功能，都是以行動研究模式進行研究的重要參考依據。本研究在整個研究過程中，秉持行動研究的理念與特徵，以解決問題為導向，以合作為基礎，

透過實際行動，並隨時反省檢視，兼具合作性、實用性、行動性、反省性等特性。

第三章

研究方法與實施

本章共分為七節，以下分別就行動研究的適切性、研究架構、研究流程、研究對象、資料蒐集與分析、信度與效度、研究倫理說明之。

第一節　行動研究的適切性

本書採用行動研究法，秉持行動研究的原則及教師即研究者的觀點，針對教育情境中的問題設計與規劃，期望藉著循環修正的完整歷程，呈現個案國小實施教訓輔方案的經驗與成效。本書之研究者在研究歷程中運用訪談、觀察、文件分析等方法進行資料蒐集，藉以瞭解個案國小實施教訓輔方案之經驗歷程、影響實施之因素、實施後效益與實施遭遇困境，經由反省評估後，試圖提出解決策略，以促進方案之執行成效，最後達成教訓輔方案的理念、目標。茲將採用行動研究理由與本行動研究的特性說明如下。

一、採用行動研究理由

（一）解決實務問題

　　本研究以解決真實情境中問題為前題，而行動研究即是以解決問題為目標，並結合行動與研究不斷的循環檢證（高敬文，2000）。研究者身為希望國小輔導室主任，實際參與推動教訓輔三合一方案，企盼在遭遇問題或困難時，能透過研究與行動，嘗試解決問題，此為引發研究者採用行動研究原因之一。

（二）提昇教育品質

　　教訓輔三合一方案為行政院教育改革審議委員會在 1996 年所提十二項優先教改行動方案的其中一項重要方案，期望能整合校內外輔導資源，同時鼓勵所有教師投入學生輔導工作，積極提昇校園輔導文化，改善嚴重之少年問題，從而減少社會成本的支出。由於本方案為實驗性質，可因校制宜，十分具有彈性，因此在建構時是以學校整體需求為規劃考量，由學校成員，在其真實情境中進行學校問題的研究與解決，其結果希望能直接應用於改善現況、提昇品質，促進學校教學、行政上的發展。上述理由與行動研究之行動研究的結果，除了現狀獲得改進之外，同時也使實際工作人員自身獲得研究解決問題的經驗特徵相符（夏林清，1997），此為引發本研究採用行動研究的原因之二。

（三）行動與研究相結合

　　由相關文獻中發現近年來許多學者專家一再強調教師即研究者，鼓勵教師從事行動研究，以結合進修、研究與教育情境（王文科，1995；夏林清，1997；陳惠邦，1998；蔡清田，2000；甄曉蘭，2003）。引此，本研究將希望國小推動教訓輔三合一方案與行動研究相結合。緣此，本研究採用行動研究法，試圖將研究與實際教育情境結合，期能落實希望國小實施教訓輔三合一方案之成功。

二、本行動研究的特性

　　本研究在整個研究過程中，秉持行動研究的理念與特徵，以解決問題為導向，以合作為基礎，透過實際行動，並隨時反省檢視，因此本研究在方法上具有合作性、實用性、行動性、反省性等特性。

（一）合作性

　　本研究結合希望國小教導處、總務處、輔導室三處室與教師們的意願與需求，並凝聚校內全體人員智慧、心力，共同建構屬於希望國小的教訓輔三合一方案執行模式，並透過各項活動的進行，共同分享輔導理念、經驗，共同解決問題，攜手成長。

（二）實用性

　　本研究以希望國小為研究現場，以解決希望國小配合推動教訓輔三合一方案為研究問題，依據希望國小真實之教育情境，規劃適

合學校行政、教師意願與需求的模式，並解決推動過程中遭遇困境，所以是切合實際需求，最具實用性。

（三）行動性

面對新世紀的挑戰，新潮流的衝擊，教育工作者必須本諸教師即研究者的理念，透過反省、思考，發掘問題，並尋求解決的方法，並實際的付諸行動，才能發揮實際的效益。本書採行動研究，依情境、問題不同，必須藉由重覆循環歷程，而每一歷程均以解決此時此情境中問題為導引，透過行動計畫，實施行動方案，促進學校實施教訓輔三合一方案成效，所以符合行動研究的精神。

（四）反省性

本研究依循行動研究的步驟，從觀察發現實務問題→蒐集相關文獻→整理並反省學校可行模式→建立教訓輔三合一方案→探求影響其相關因素→發展教訓輔三合一方案的行動策略→執行策略→反省評鑑執行成效→修正→再實施。每個步驟、過程中，研究者與教師都必須透過自我反省或相互反省來檢視行動，期使在下個循環時能更精確，更有效的行動。

第二節　研究架構

本研究以真實情境中實際狀況為導引，整合學校行政人員及教師的意願與需求，以學校為本位，共同合作規劃設計符應「學習型

組織、人文主義、學校本位精神、全面品質管理」四項理論基礎之教訓輔三合一方案實施計畫，預期透過本方案的執行，成立學生輔導規劃組織，提昇教師輔導知能，改善行政協調溝通方式，結合社區輔導網絡資源，落實教師輔導學生職責，進而達到教訓輔三合一方案最終目標。

首先，基於上述故先說明本書研究內容之目的如下：

一、瞭解教訓輔三合一方案的內涵及其相關理論。

二、探究本書中案國小實施教訓輔三合一方案情況。

三、探究本書中個案國小實施教訓輔三合一方案之影響因素。

四、探究本書中個案國小實施教訓輔三合一方案之困境與因應策略。

五、探究本書中個案國小實施教訓輔三合一方案之效益。

最後歸納上述研究結果，做成結論並提出建議，提供實務工作者或關心此方案推展者實際參考例子。

根據研究目的與文獻探討結果，提出具體之研究問題，如下：

一、教訓輔三合一方案的內涵及其相關理論為何？

二、教訓輔三合一方案在個案國小如何推動與實施？

三、個案國小實施教訓輔三合一方案的影響因素為何？

四、個案國小實施教訓輔三合一方案之困境與因應策略為何？

五、個案國小實施教訓輔三合一方案後有何效益？

此外，在此先將幾項重要名詞定義如下所示：

一、教學、訓導、輔導三合一方案

「教學、訓導、輔導三合一方案」全名為「教學、訓導、輔導三合一整合實驗方案」。指 1998 年 5 月教育部改革行動方案第十一項方案，內容係成立任務小組，發展學校教學、訓導、輔導相關人員（含專任輔導教師、專業輔導人員、導師、科任教師及行政人員）協同輔導學生最佳模式。教育部在 2005 年將「教訓輔三合一方案」併入學生訓輔（友善校園）工作項目內，定名為「學生輔導新體制」。此係將原先實驗試辦之方案明確落實於「友善校園」計畫當中，並將原方案的精神繼續延續。本研究界定之時間範圍為 2004 年 2 月初至 2004 年 12 月底，為期共十一個月的時間。

二、偏遠地區

本書所定義的偏遠地區，係依據教育部之界定指標，指彰化縣內交通不便、資訊及物資較缺乏、文化貧瘠、人口趨於老化、生活條件貧乏，大多數經濟、政治、文化及教育較一般地區有差異之平地區域。

再者，本書以彰化縣某國小為個案學校，以該校實施教訓輔三合一方案為中心，以解決教育真實情境中的問題為導向，以建立學校教學、訓導、輔導三合一最佳互動模式與內涵，培養教師具有教訓輔統整理念與能力，有效結合學校及社區資源，逐步建立學生輔導新體制為目標。透過訪談、觀察、文件資料、反省札記等方式瞭

解學校實施之成效與遭遇困境，據此提出解決因應策略，以促進教訓輔工作之推展。茲將本研究架構陳述如圖 3-2-1。

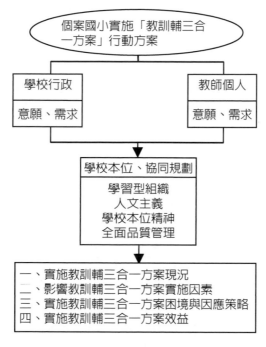

圖 3-2-1　研究架構

第三節　研究流程

　　根據 1940 年代 Lewin 所提出的行動研究模式可知，行動研究是一種具程序步驟且可循環的研究歷程，行動研究者一方面透過行動解決問題，一方面經由反省的循環進行探究。每個循環可能包

括：1.瞭解和分析一個需要加以改善的實務工作情境，或是需要解決的困難問題；2.有系統的研擬行動方案策略，以改善實務工作情境或解決困難問題；3.執行行動方案策略，並衡量其實際成效；4.進一步澄清所產生的新問題或新工作情境，並隨之進入下一個行動反省循環（引自吳明隆，2001）。

在此循環歷程之研究模式下，研究者發展出如圖 3-3-1 所示，符合個案國小實施教訓輔三合一方案之研究流程。

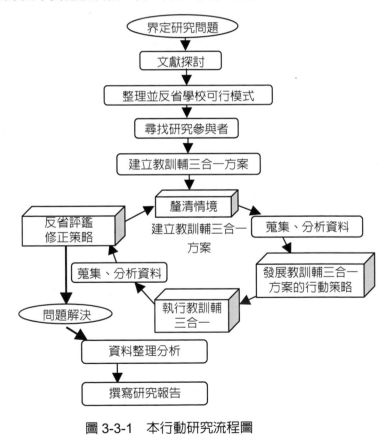

圖 3-3-1　本行動研究流程圖

一、界定研究問題

許多質的研究問題，常是淵源於研究者個人的生活或工作的經驗中。本研究的問題就是由研究者本身的工作經驗中發展出來。首先建立一個初步的主題，然後在文獻蒐集與分析及研究過程中，視實際情形適度的修正研究問題。

二、文獻探討

確定了研究問題之後，便開始著手於文獻探討的工作，透過文獻的整理與分析，不但可以讓研究者對相關理論有深入之瞭解，將其運用到希望國小實際推動教訓輔三合一方案上，而且能夠豐富研究者的視野，對相關的議題能有不同的看法。

本研究蒐集了與教訓輔三合一方案、偏遠地區小學相關之理論與文獻，希望透過文獻的整理與分析，能夠讓研究者對議題有更深入的瞭解及運用。

三、發展並執行行動策略

擬訂符合希望國小之教訓輔三合一方案實施計畫是執行方案的前置工作，經由閱讀相關文獻及他校實施教訓輔三合一方案的實際經驗，整理、發展出學校可行模式，然後依照所擬訂之實施計畫執行。

希望國小推動教訓輔三合一方案主要執行行動如下：

（一）溝通宣導推動方案觀念，凝聚成員共識。

（二）辦理分享與進修活動，提昇教師輔導專業知能。

（三）協助教師將輔導理念融入教學活動，並踴躍參與學生認輔。

（四）辦理親職教育活動、班親會，增加家長參與意願，擴展輔導
　　　資源。

四、反省評鑑、修正策略

　　執行過程中，研究者針對完成的行動策略加以檢視，反省評鑑
是否達成研究的目標。一旦發現所提行動策略無法達成目標，立即
修正行動策略，促成行動研究的成熟及正向的發展。

五、資料整理與分析

　　質的研究之資料分析過程就像穿過森林發現一條路徑，是對於
研究者思考能力的一種測試，思考如何以有意義的方式處理現場呈
現的大量資料（黃瑞琴，1999）。而資料整理與分析的過程中，是
一個不斷的循環與交互形塑的歷程，而非由上到下的線性模式。因
為在整個研究的歷程中，資料的擴增除了廣度的擴展，更有深度的
延伸。而且資料的廣度與深度，會隨著研究者於研究歷程中不斷思
考與批判而有所增減。甚至可能在初步整理資料之後，發現有一些
議題在文獻中並未提及，而再回過頭來修改文獻。這樣的歷程一直
持續到研究完成為止。

　　以下為本研究資料整理與分析的步驟，現分述如下：

（一）依據初步文獻探討的結果，界定問題的範圍。

（二）將所界定的問題範圍，作為訪談的主要內容，並且將訪談而得的資料做成逐字稿，並標明日期與時間。

（三）將文件資料、訪談內容做進一步的分析，將內容相近的資料歸納為同一類。

（四）不斷的閱讀、檢視資料，並且針對資料做整體性的批判，形成暫時性的結論。

六、撰寫本書

本書作者將整理歸納好的資料請教該校教師，讓其逐一查核過後，再將研究的結果撰寫成本書內容。

第四節　研究對象

教育部「教訓輔三合一整合實驗方案」於八十七學年度公佈並開始實施，於九十二學年度起全面試辦。各縣市教育局因應地區差異各有不同的考量，所採取的措施與作法亦不盡相同。參與學校各有不同的特質與特性，因此各學校所擬訂的實驗計畫就會有差異，實施成果自然呈現不同的樣貌（吳錫鑫，2003）。

彰化縣直至九十一學年度，才由縣內 172 所國小中挑選 59 所學校進行試辦，到九十二學年度方全面參與本方案推動。本書基於下列考量，選擇本書中之個案國小為研究對象：

一、本書中之個案國小雖然在九十一學年度未參與教訓輔三合一方案試辦工作，但在八十五學年度時曾申請小班教學、教育優先區等教育經費補助，獲得的資源與經驗尚稱豐富。

二、本書作者對於彰化縣之教育措施及教訓輔三合一方案相關工作
十分熟悉，基於研究之可探究性與可行性，加上該個案小學同
意參與本書之研究，因此在此國小進行對本書的相關訪談與觀
察，不僅可獲得豐富之資料，亦有利於本書研究之進行。

　　由於行動研究的特徵包括：可以特定對象為主的抽樣，不必具
有普通的代表性。因此，本研究基於立意取樣（purposeful
sampling），經該個案國小同意後進行研究，立意取樣是特殊情況
下可接受的一種抽樣，適用於挑選可以提供許多資訊的獨特個案
（吳芝儀、李奉儒譯，1995；王佳煌、潘中道等譯，2002）。本書
之研究在研究前先徵求過學校重要的「守門者」（gatekeeper）的校
長的同意後，開始進行研究（Glesne & Peshkin,1992）。訪談的對象
包括：校長、主任、教師；輔以觀察分析的項目則包括：行政校務、
學校活動、班級經營，及蒐集閱覽相關的文件資料。

第五節　資料蒐集方法與分析

　　以下將資料蒐集的方法與資料分析的方法，分述如下：

一、資料蒐集方法

　　為深入探究個案國小實施過程，研究者共歷時十一個月（2004
年2月初起至2004年12月底止），採用質性研究的方法進行研究資
料的蒐集，包括：訪談、觀察、文件資料、反省札記，茲分述如下。

（一）訪談

訪談是質性研究重要方法之一，其目的在於接近他人心中的觀點取向，因為由觀察中，無法觀察到人們如何組織並賦予在進行的事件意義。因此必須透過詢問才能進入他人的觀照之中，了解受訪者的觀點取向。

本研究兼採非正式的會話訪談及訪談導引法，前者多用於參與觀察，以瞭解相關議題；後者則由研究者事先擬定大綱及主要問題，訪談前先向受訪者說明本研究目的與保密承諾，接著宣讀訪談同意書，口頭徵求受訪者同意。採錄音方式將訪談過程錄音，並將內容整理成逐字稿並進行分析。

為了深入瞭解有關個案國小推動教訓輔方案歷程與相關問題，及學校行政人員、教師真實的感受，因而採訪談方式。在實施過程中，研究者特別注意以下幾點，期望發揮訪談的效果。為使訪談過程順利，並掌握訪談重點，不致漫無目的而浪費時間、人力，所以研究者分別製作了校長、行政人員（主任）、教師的結構式訪談大綱，然後以訪談大綱為導引，與被訪者相互激盪，牽引出更多資訊。

本書訪談大綱係依據研究目的、研究問題。其中校長、主任、教師的訪談大綱內容常有重覆，目的在針對相同問題，經由不同角色觀點，將所蒐集資料加以互相檢證。首先與指導教授討論，再敦請王貴瑛校長（彰化縣南港國小）、李麗日博士（台中師院社教系副教授）、郭秋勳博士（明道大學學課程與教學研究所教授）、陳聰文博士（彰化師範大學教育研究所教授）（依筆畫順序排列）等四位專家，針對訪談大綱加以鑑定，提供寶貴意見，

作為修改問題之重要參考依據。最後再依照修改後之內容進行實地訪談。

訪談大綱依照訪談對象分為「校長、主任、教師」三種，內容分為四大部份，包括：個人資料、對教訓輔三合一的認知、學校推動教訓輔三合一的歷程、教訓輔三合一的效益。茲將訪談大綱詳列如下：

1. 校長的訪談大綱

(1) 個人資料

① 您個人的服務年資、學歷。

② 您教學與行政生涯的重要經歷有哪些？

③ 您是否曾參與過類似「教訓輔三合一方案」新措施的經驗？當時又是如何進行呢？

(2) 對教訓輔三合一的認知

① 您清楚「教訓輔三合一方案」的計劃嗎？您會主動討論其相關議題嗎？

② 您覺得行政人員、教師在參與「教訓輔三合一方案」時，需具備何種知能、技能？

(3) 學校推動教訓輔三合一的歷程

① 學校「教訓輔三合一方案」的工作重點為何？如何規劃、實施與推動呢？

② 學校是否形成「教訓輔三合一方案」工作推動小組？其成員包括哪些人？

③ 工作推動小組會議何時召開？每次開會有特定的討論主題或進度嗎？

④ 會議中是否曾發生爭議性的問題，最後如何處理？

⑤ 您覺得實施「教訓輔三合一方案」對於行政人員的協調工作是否有所差別或改變？

⑥ 您認為行政人員及教師方面，有哪些因素會影響學校推動「教訓輔三合一方案」（正、負面）？

⑦ 學校實施「教訓輔三合一方案」是否（可能）遭遇什麼困難？

(4) 教訓輔三合一的效益

① 實施過程中，學校如何尋求外在的資源（含家長會）與協助？

② 實施「教訓輔三合一方案」以來，對您造成哪些有利或是不利的影響？

③ 您覺得實施「教訓輔三合一方案」對學校、教師、學生或是社區家長有哪些效益或影響？

④ 您覺得實施「教訓輔三合一方案」是否可行？

⑤ 您對實施「教訓輔三合一方案」有什麼改進的建議？

2. 主任的訪談大綱

(1) 個人資料

① 您個人的服務年資、學歷。

② 您教學與行政生涯的重要經歷有哪些？

③ 您是否曾參與過類似「教訓輔三合一方案」新措施的經驗？當時又是如何進行呢？

(2) 對教訓輔三合一的認知

① 您清楚「教訓輔三合一方案」的計劃嗎？

② 您覺得行政人員、教師在推動「教訓輔三合一方案」時，需具備何種知能、技能？

③ 學校推動教訓輔三合一的歷程

　※ 學校剛開始如何實施「教訓輔三合一方案」，其計劃、步驟為何？有沒有哪些考量因素？

　※ 學校各處室在實施「教訓輔三合一方案」時，如何協調合作？有沒有遭遇困擾？

　※ 您覺得實施「教訓輔三合一方案」對於行政人員的協調工作是否有所差別或改變？

④ 學校是否形成「教訓輔三合一方案」工作推動小組？其成員包括哪些人？

⑤ 工作推動小組會議何時召開？每次開會有特定的討論主題或進度嗎？

⑥ 會議中是否曾發生爭議性的問題，最後如何處理？

⑦ 如何規劃讓全體教師瞭解「教訓輔三合一方案」的內涵、要點？

⑧ 何種因素會影響學校推動「教訓輔三合一方案」？

⑨ 您覺得教師願意參與「教訓輔三合一方案」的推展嗎？

⑩ 實施「教訓輔三合一方案」您是否遭遇什麼困難？

(3) 教訓輔三合一的效益

① 實施過程中，學校是否獲得外在的資源（含家長會）與協助？

② 實施「教訓輔三合一方案」以來，對您造成哪些有利或是不利的影響？

③ 您覺得實施「教訓輔三合一方案」對學校、教師、學生或是家長有哪些效益或影響？

④ 您覺得實施「教訓輔三合一方案」是否可行？

⑤ 您對實施「教訓輔三合一方案」有什麼改進的建議？

3. 教師的訪談大綱

(1) 個人資料

　　① 個人的服務年資、在本校的資歷、學歷。

　　② 目前擔任的職務、任教的科目？

　　③ 任職的生涯中有哪些教學或行政經歷？

(2) 對教訓輔三合一的認知

　　① 您清楚「教訓輔三合一方案」的計劃嗎？

　　② 校方請您配合推動「教訓輔三合一方案」時，您有什麼想法？

　　③ 您會怎樣協助「教訓輔三合一方案」的推動？

(3) 學校推動教訓輔三合一的歷程

　　① 覺得實施「教訓輔三合一方案」後，行政人員的協調工作有哪些差別或改變？

　　② 在實施「教訓輔三合一方案」時，您曾參加學校安排的研習或訓練嗎？您覺得最有幫助的是哪一項？為什麼？

　　③ 實施過程中，你如何得知與如何尋求外在的資源與協助？

　　④ 您有實際運用外在資源的經驗嗎？有什麼想法呢？

　　⑤ 在配合實施「教訓輔三合一方案」時，您遭遇到哪些困難？

(4) 教訓輔三合一的效益

　　① 您覺得實施「教訓輔三合一方案」以來，對您產生哪些有利的影響？

② 實施「教訓輔三合一方案」後，您覺得在專業成長部
份有哪些收穫呢？

③ 實施「教訓輔三合一方案」後，在提升教學品質與學
生學習輔導，您覺得有什麼幫助嗎？

④ 整體而言，您認為實施「教訓輔三合一方案」對學校
或是個人的影響是什麼？

　　由於訪談的目的在於深入瞭解受訪者的想法和感受，事前擬定
的訪談大綱未必符合每位受訪者個別特質，因此在訪談的過程常隨
機因應受訪者的論點，立即修正重構訪談內容。為方便整理訪談的
文稿，亦徵詢受訪者的同意，加以錄音並承諾保密。個案國小全校
僅有六班，教職員十位，單是教訓輔三合一方案小組成員就占了七
位，考量訪談資料蒐集的全面性，因此盡量邀請全校教職員參與訪
談。茲將訪談日期與人員編碼如表 3-5-1。

表 3-5-1　訪談日期與人員編碼

訪談日期	受訪人員	資料編碼
93.10.28	龍老師	T931028
93.11.03	甄老師	T931103
93.11.04	童老師	T931104
93.11.10	丁老師	T931110
93.11.12	王校長	P931112
93.11.19	韓老師	T931119
93.11.23	胡老師	T931123
93.12.02	林主任	H931202

　　一切準備就緒後，接下來，研究者必須與受訪者商訂訪談的時間、地點。經過互相溝通，掌握有利情境，便依據訪談大綱進行訪談。訪談進行方式如下：

1. 營造溫馨和諧的訪談氣氛：在溫馨和諧的訪談環境中，無論訪談者或受訪者，都會表現出較坦誠的態度。除了讓訪談可以順利進行外，還可以藉由受訪者的侃侃而談，接收到許多的訊息。

2. 依據訪談大綱進行：為使訪談不致漫無目的、浪費時間，所以研究者依據訪談大綱循序漸進的進行訪談。

3. 面對面的訪談：研究者在溫馨、和諧的情境中，面對面的接觸，並依據訪談大綱循序漸進的進行訪談。研究者藉由面對面的訪談，除了可以得到訪談內容，還可以從受訪者的神情，感受其內在的情境。

4. 錄音：為求訪談的真實性、客觀性、及方便做訪談紀錄，因此在訪談中使用錄音筆錄音，所以必須先和受訪者溝通，取得受訪者的應允後，以全程錄音方式進行。

（二）觀察

　　本書之研究過程與校內成員互動良好，因此出現在觀察場合對研究不會造成影響。在實際參與在研究現場中，研究者將以敏銳的觀察力，在實施歷程中蒐集相關資料。另外，研究者也將避免過度投入，成為完全參與者，忽略應有的觀察，以致於無法獲得最有意義的資料。參與觀察時，研究者採用錄音與紀錄現場筆記的方式同時進行，以提昇本研究的可信度。

（三）文件資料與反省札記

本研究擬從個案國小蒐集相關文件資料，包括：學校概況、人事資料、各項基本報表、教訓輔三合一方案計畫、會議記錄、活動照片、實施成果資料等本研究蒐集文件如表 3-5-2 所示。此外，研究過程中的想法、做法進行思考反省也是行動研究相當重要的部分。推動教訓輔三合一方案歷程中遭遇的重要行事或事件，研究者都會書寫反省札記（R），同時鼓勵教師書寫反省札記，並在徵得同意下，提供研究者參考。

表 3-5-2　希望國小教訓輔三合一方案相關文件資料

文件名稱	負責／承辦／撰寫者	內容重點	對本研究用途
學校簡介摺頁（D1）	希望國小	希望國小的學校沿革、特色、願景、地理位置、學校平面圖。	1. 瞭解希望國小重要沿革。 2. 瞭解希望國小親師生所發展之特色。
90.91.92.93 學年度學校行事曆（D2）	教導處 總務處 輔導室	1. 教務、訓導、總務、輔導等各處室該週行事聯絡事宜。 2. 行政工作分配表。 3. 人事及教職員工福利事宜。	1. 瞭解及檢視學校辦理或參加各項活動。 2. 檢視學校的各種研習進修活動。 3. 檢視教職員工福利事宜及人事異動情形。 4. 本件資料紀錄時間很長，從中可與訪談的部份內容互作驗證，瞭解處室行政的協調及活動安排，是很重要的文件資料。
希望國小教職員人事資料（D3）	教導處	教職員年齡、學歷、服務年資。	瞭解希望國小教職員的背景資料。

希望國小 92 下半年及 93 年度建立學生輔導新體制－教學、訓導、輔導三合一整合實驗計畫（D4）	輔導室	1. 學校環境背景分析。 2. 實施教訓輔方案目標。 3. 執行要項與實施內容。 4. 實施教訓輔方案步驟。 5. 預期獲得成效。	1. 瞭解希望國小參與實驗的步驟。 2. 檢視教訓輔方案的執行內容與受訪者瞭解程度及感受性是否相符。
教師輔導工作手冊（D5）	輔導室	1. 內文：行政、教學、輔導、資源等項目之文章分享 2. 附錄：教師的特質、教師自我評鑑檢核表。	瞭解專業對話探討內容。
教師週三「專業成長」暨週二「專業對話」計畫表、回饋單（D6）	教導處輔導室	1. 活動項目與內容。 2. 研習方式。 3. 參與者的回饋。	1. 驗證各項活動配合學校行事。 2. 瞭解校內教師進修方式與內涵，與形塑學習型組織相呼應。 3. 說明活動配合行政、教師需求辦理。
各項活動計劃、活動照片（D7）	輔導室教導處	1. 活動實施目的與內容。 2. 參與過程的紀錄。	1. 瞭解學校對於親師生學習活動的重視。 2. 從行政規畫、協調，驗證整體文化的綜合表現。

二、資料分析方法

在完成資料的蒐集後，研究者會把所有資料來源編碼，以便閱讀和提取資料，最後才進行資料的分析。為了集中關注的課題，通常研究者會排除其他對該課題的考量方式，以研究者認可的方式來分析和編碼（黃光雄主譯，2001）。

　　因此，為便於討論、運用及資料的分析整理，徵求相關行政人員及教師同意後，將觀察、文件資料、反省札記等資料加以影印蒐集。將蒐集的資料進行分類、編碼，並與訪談資料進行交叉檢證。最後與訪談資料結合成為有組織的資料。

　　為便於資料分析與進行討論時的運用，研究者將上述資料來源方式簡單以代號作為編碼表示。訪談記錄中 P：表示校長、H：表示主任、T：表示教師；O：表示觀察紀錄；D：表示文件資料；R：表示反省札記；930901：表示時間為 2004 年 9 月 1 日。茲將蒐集文件資料代碼整理如表 3-5-3。

表 3-5-3　蒐集文件資料代碼

代碼	意　義
P	訪談校長
H	訪談主任
T	訪談教師
O	觀察紀錄
D	文件資料
R	反省札記
930901	2004 年 9 月 1 日（其餘以此類推）

　　行動研究的資料整理與分析是一個不斷循環的過程，而非一個線性的模式，因為在整體研究的過程中，會隨著資料的不同廣度與深度，以及研究者本身的批判反省思考而對資料有所增減與修改（蔡清田，2000）。所以從一開始進行研究，研究者便同時著手資料的整理分析，一直持續到研究完成為止。

第六節 信度與效度

　　信度與效度通常被用來評量研究品質之指標，也是傳統量化研究主要的判定標準。但質的研究所關注的是「社會事實的建構過程」、「人們在不同的、特有的文化社會脈絡下的經驗與解釋」，而非「客觀分類計量」、「找尋普遍法則」（胡幼慧、姚美華，1996），屬於自然探究的過程，充滿著個人色彩，因此研究的信、效度更關係到研究被採信的程度。

　　為了增加本研究的信度與效度，研究者將採用之方法分述如下：

　　在信度方面，用機器紀錄資料，本書在參訊息提供者同意的情況下，用錄音筆錄下訪談資料，並整理成逐字稿。再者，對於低推論的描述方面，本書擬直接引用訪談內容、觀察資料，以儘量減低推論。至於詳細說明情境脈絡，本書則詳細說明蒐集資料的時間、地點、情境，以呈現資料蒐集當時的社會脈絡。

　　在效度方面，對於正確詳實紀錄資料，則減少研究者的主觀，避免將原始資料事先篩選後再紀錄的選擇性轉錄方式。並進行資料的成員驗證，將訪談逐字稿提供給受訪者加以檢視，以提高研究值得信賴的程度。再者，採用資料來源三角校正：本研究運用訪談、觀察、文件資料、反省札記等不同資料蒐集策略、不同受訪者、不同時間所獲得資料加以比對，以交叉複核資料的準確性和詮釋的有效性。最後避免涉入個人價值觀，本書作者在訪談及分析資料時，避免涉入研究者個人價值觀，並時時反省檢核，不因主觀的偏見或框架而曲解研究情境中的訊息，引導出不當的結果與發現。

第七節　研究倫理

　　本研究的進行是以訪談、觀察、文件資料、反省札記的方法來蒐集相關資料，因此極需要和研究的參與者進行互動，以得到真實的資料。質性研究的進行，要以謹慎的態度，對研究的目的、討論相關的議題、對研究參與者的影響、對社會的貢獻、研究者的角色及研究者對象的關係、研究的方法和詮釋的結果是否適當等項目，對研究倫理做一番考量，以免造成研究參與者權益的傷害（余漢儀，1998）。

　　在此研究過程中，針對研究倫理考量後，實際作法如下：

一、研究者在訪談過程前，必先口頭徵求受訪者同意（參見附錄二），向受訪者說明清楚研究動機、目的、進行方式、所需配合事項，並向告知研究對象，若不想繼續接受研究，有拒絕的權利，藉此保障受訪對象之權益。

二、有關研究所得的資料，包括參與觀察紀錄、訪談逐字稿、問卷調查、會議紀錄等資料，凡是涉及人名或校名部分，均以匿名方式處理，以盡保密之責。

三、研究者對於訪談的資料，於事後均反覆收聽錄音，以逐句方式，作成訪談逐字稿，敘寫中如遇錄音內容不清楚，或是不太確定受訪者表達意思之處，必透過電話或是當面詢問以求確實；其他相關蒐集資料，也盡量呈現事實真相，避免產生誤解或扭曲。

第四章

研究情境脈絡

　　不同情境脈絡可能呈現不同的資訊，同時也將影響詮釋的觀點。在本章，研究者依據訪談、觀察等蒐集資料配合文件資料，將個案國小之現場情境脈絡、學校推動教訓輔三合一方案的概況詳加說明。

第一節　研究現場

一、學校背景分析

（一）學校發展概述

　　1962 年 8 月，在彰化縣某鄉內成立本書之個案國小之分校，分校內人事與該國小共用，另設分校主任管理，此為本書中個案國小之前身。1975 年 8 月希望國小奉准獨立，歷經二十九年寒暑。學校規模由分班時的十二班編制，六百多位學生（每班平均五十位

學生），逐漸縮減、流失，目前為六班，總人數約一百二十位（每班平均二十位學生）。

由於個案國小符合教育部偏遠地區學校指標，自 1993 年 4 月起陸續獲得教育部改善學校教學環境補助款項，改善原本簡陋教學環境。

> 1993 年 4 月增建教室及廚房等合計總工程款 1140 萬；
> 1993 年 10 月縣府補助改善飲水設備 60 萬元；
> 1993 年 10 月補助充實單身宿舍設備 90 萬元；
> 1993 年 11 月縣府補助改善校園護坡及圍牆工程 60 萬元；
> 1994 年 1 月縣府補助改善教學環境 35 萬元；
> 2003 年 11 月鋪設合成橡膠跑道及周邊排水工程 75 萬元；
> 2003 年 12 月增設全組遊戲器材及鋪設安全地墊 50 萬元。
> 【D1】

個案國小歷經五任校長，雖為偏遠地區國小，班級、學生數不多，歷任校長們仍積極辦學。現任校長自 1999 年 8 月就任後，對內鼓勵教師進修、充實專業教學知能，對外積極尋求資源，以身作則帶領個案國小一群年輕教學團隊，開創豐碩的辦學成果，獲得學區督學及家長們一致的認可。

（二）學校地理位置

個案國小位於彰化縣鄉下，距離縱貫公路約三公里，屬於偏遠勇類學校，學區範圍恰巧僅有一村，是「一村一學校」的小學區。環繞學區的是稻田、蔬菜、花卉、廟宇及資源回收工廠，學區環境單純，資訊較不發達。學生購買學用品或參加補習進修，通常需前

往二、三公里外，縱貫路旁的的鄉中心或隔鄰的小鎮市區。因距隔鄰小鎮之大型學校僅十多分鐘車程，家長易將戶籍轉至鄰鎮學區內，造成學生人數流失，自 1962 年分校時代的六百多人，逐漸減至目前的一百二十人。

（三）教職員行政職務與背景分析

學校教職員包括校長、教師兼主任三人、級任教師六人。其中男性四位，女性六位，以女性居多（60%），與一般國小結構相當。十位教職員中雖然沒有人居住當地，但因為交通還算便利，學校氣氛良好，調動率並不算高。

個案國小整個教學團隊平均年齡三十六歲，十分年輕，同仁個性大致溫和，無激進者，不但教學認真、對學生親切和藹，同時具研究進修精神，樂於參與校內外舉辦各項研習及競賽活動，對於學校行政決策配合度高，組織氣氛和諧、溫馨。個案國小與其他學校不同的特別文化：教職員經常在每天上午十點十分的二十分鐘下課時間，齊聚校長室「茶敘」，一方面聯繫情誼，一方面討論教學、行政遭遇問題，在輕鬆愉快的氣氛下進行另一種對話模式。

位於偏遠地區的個案國小只有六班，依照現行法令規定每班 1.5 名教師之員額編置，全校僅有九名教師，包括：教導處、總務處及輔導室三處室主任與六個班級的班級導師，其中教導處兼辦教務、訓導及人事；另外，受限於地方政府的財政困難，輔導室目前僅編制代理主任一人，且尚需兼辦午餐秘書工作；除了三處室主任外，班級導師也得兼任行政工作，時常有教學、行政難以兼顧的困擾。為更清楚介紹個案國小教職員的行政職務與背景分析，茲分析說明如下。

　　校長本身個性積極、喜歡嘗試新事物，自從 1999 年到個案國小後，期許校園文化能朝向活潑、有朝氣目標前進，因此也經常要求行政人員、教師規劃辦理多元課程活動，例如：耶誕、冬至、闖關等，並且積極推展學校本位課程（閱讀）。對於教師專業成長也很重視，經常利用晨會時間和教師們分享文章或剪報。同時校長本身就是一位不斷尋求專業成長的楷模，從教育行政系統透過進修轉入學校教育系統，再經過四十學分班、研究所的不斷進修。

　　教導主任原是師專生，畢業後進修輔導二十學分班，再繼續攻讀碩士，是剛從研究所畢業的新科主任。本身雖已任教十七年，但因以往從未接觸行政工作，初接任主任一職，還不太習慣，正努力適應與學習中；總務主任一般大學畢業後再到師院進修教育輔導學分，之前已在他校擔任過教導主任。

　　會計甄老師（化名）、教務組長胡老師（化名）與訓導組長韓老師（化名）都是一般大學科系畢業，原先都在私立高職任教，喜歡小學的單純、穩定，於是再到師大進修教育學分。依規定，修畢教育學分後只能領取偏遠地區教師證書，必須在偏遠地區服務滿三年才能到一般地區服務，因此，屬於偏遠學校中最不偏遠的個案國小，成為多位「偏遠地區教師」縣外調動時的最佳選擇，三位老師就是屬於這類情形。

　　資訊組長童老師（化名）剛從師院數理研究所畢業，因其年輕認真又擁有資訊專長，校長特別委以重任，請他擔任資訊組長一職，負責校內電腦網路的管理維護。龍老師（化名）、丁老師（化名）都是師院畢業生，分別擔任低、中年級導師，教學活潑，經常參加校外課程教學設計，頻獲佳績。

　　為更清楚說明個案國小教職員背景，茲將相關資料整理如表
4-1-1。

表 4-1-1　　個案國小教職員背景資料

化　　名	性別	年齡	服務年資	到校年資	學　　　　歷	職　　　　務
王校長	女	45	20	5	師院研究所	校　　　長
林主任	女	37	17	0	一般研究所	教導主任
鐘主任	男	45	13	0	師院初教系	總務主任
陳主任	女	30	8	8	師院社教系	輔導主任
龍老師	女	26	4	3	師院數教系	級任導師 （兼出納）
甄老師	女	44	16	8	大學歷史系	級任導師 （兼會計）
丁老師	女	30	8	8	師院初教系	級任導師
童老師	男	27	0	0	師院研究所	級任導師 （兼資訊組長）
胡老師	男	42	15	2	大學物理系	級任導師 （兼教務組長）
韓老師	男	38	11	3	大學資訊系	級任導師 （兼訓導組長）

資料來源：本書作者參考個案國小人事資料整理（資料時間：93 年 12 月）。【D3】

1.平均年齡

　　由表 4-1-1 統計可知，學校教職員年齡以三、四十歲者居多（佔
80%），全校平均年齡為三十六歲，屬於年輕的教學團隊。由於教
職員間走過的歲月與時代背景大致相同，同仁互動步調相近，因此
不會有嚴重的代溝，學校氣氛自然和諧。

2.教學服務年資

由表 4-1-1 統計可知，除了童老師（剛從師院研究所畢業）和龍老師二位初任教師教學服務年資尚未滿五年外，大部份教師均已服務十年以上（佔 60%）。研究者和丁老師自師院畢業後便任教於個案國小，擔任教職已滿八年，因此對學區內事物相當熟悉。個案國小的教學團隊不但教學經驗豐富，對於新手教師也樂於提供協助，讓他們及早適應教學工作。

3.學歷

由表 4-1-1 統計可知，學校十位教職員中有六位為師院大學部或是研究所畢業（佔 60%），有三位為一般大學畢業後再參加師資班進修課程（佔 30%），另一位則是師院畢業後再至一般研究所進修。整體而言，個案國小師資素質相當整齊、優良，因此各處室在推動教育活動或是各項計畫多能獲得支持與配合。

4.學校其他人員簡述

2002 年 10 月中旬起，因為教育部的「二六八八專案」，學校增加了一位全時的支援教師，協助分擔校內教學工作，但人員每年異動，並不固定。此外，在研究期間，學校還有英語、鄉土語言支援教師、實習教師、替代役男各一名，但不列入探討研究範圍。

（四）學生概況

從 1962 年分校時的十二班規模，到現在剩下六個班級，學生人數降至一百二十人，因此學校多出很多空教室，目前規畫成圖書

室、視聽教室、電腦教室、音樂教室、韻律教室、情境教室、自然科教室等，學生們得以在不同的情境下進行各項學習活動。由於全校師生人數不多（師生比約 1：12），學生與師長距離很近，較無畏懼感。教師們除了任教班級學生外，也常主動關懷他班學生，師生互動情形良好。

整體而言，個案國小的學生多半單純而乖巧，沒有嚴重行為偏差學生，但大多數學生對課業缺乏主動積極態度，不過因為近年來學校推動「一人一才藝」、「一人一運動」等措施，再加上陸續成立直笛隊、扯鈴團隊，對外參加比賽獲得佳績，讓學生對直笛、扯鈴之傳統技藝有較高的學習意願與興趣。

（五）家長概況

根據資料統計，該校學生家長職業以工（佔48%）為最多，且多為受僱型態，其次為務農；教育程度則以專科及國中為主。

隨著小班教學精神、九年一貫課程的推動，家長參與學校事務愈形重要。王校長就任後，積極爭取經費，學校陸續辦理「全民上網—終身學習」、「全民學習外語列車—親子共學英語」、「教育優先區—親職教育活動」等社區家長學習課程，期望透過這些課程學習機會，讓家長願意走入學校甚而參與學校事務，不過大部分學區家長仍然停留在觀望的地步，參與情形並不熱烈。甚至連好不容易成立的家長成長團體，都因為人力無法擴充、欠缺新血加入、成員素質良莠不齊、無法建立有效組織規範以及領導者傳承困難等諸多困境，在成員逐漸流失後，不得不忍痛宣告暫停運作。

（六）學校作息安排

1. 七點二十分至七點四十分學生上學，導護老師執勤；

2. 七點四十分至七點五十分學生打掃校園；

3. 每週一、三、五，七點五十分教師晨會，學生在教室自習；

4. 八點升旗，隨後並進行相關的活動，包括：週一的每月生活德目宣導、週三的學生才藝表演及說故事時間、週五的英語大家說；

5. 每週二、四，七點五十分起至八點三十五分，是班級學生進行學校本位課程──閱讀活動時間，全校教師則到校長室進行專業對話、教學困境研討或是研習心得分享。

6. 八點四十分開始正式課程的第一節，然後至下午三點五十分課程結束；

7. 下午三點五十分至四點整理校園；

8. 接著回到教室進行十分鐘的作業指導，然後放學（導護老師執勤）。

第二節　個案國小推動教訓輔三合一方案概況

一、緣起

　　「教學、訓導、輔導三合一整合實驗方案」是教育部規劃辦理十二項教育改革項目之一，預計 2003 年達到全面試辦的目標。彰化縣直至九十一學年度方挑選縣內 59 所國民小學參與試辦，並於九十二學年度下學期，要求全縣 175 所國民小學全面參與實施。

二、本書個案國小推動教訓輔三合一方案概況

　　當年彰化縣教育局希望各校在五月中旬以前提出符合學校本位之教訓輔三合一方案實施計畫，並在縣內督導小組審核通過後立即實施執行。因此，本書個案小學參酌他校經驗，考量學校環境背景，採用強弱優劣分析（Analysis of Strengths, Weaknesses, Opportunities and Threats，簡稱 SWOT 分析）擬定計畫，配合教育部補助的經費，校內各處室拋開個人本位思考，合作辦理一系列教訓輔三合一方案相關活動，包括：成立學生輔導規劃組織、落實學生輔導職責、強化教師教學輔導知能、統整訓輔組織運作模式、結合社區輔導網絡資源，期望讓學生在有限的人力資源下，獲致最佳的學習效果。

　　當時個案國小期望藉由教訓輔三合一方案計畫的實施，引進更多資源，提升教師專業素養，塑造本校教學、訓導、輔導三合一最佳互動模式與內涵，增進教師教訓輔統整理念與能力，並有效結合學校及社區資源，逐步建立學生輔導新體制。其實施內容如下：

（一）成立學生輔導規劃組織

　　成立「建立學生輔導新體制執行小組」，設計教、訓、輔人員最佳互動模式與內涵，提昇行政效能。

1.建立學生輔導新體制執行小組

　　依據教育部函頒「教學、訓導、輔導三合一整合實驗方案」，個案國小的規劃小組由校長擔任召集人，三處室主任為成員，共同擬訂本學年度適合學校之實驗計畫，並邀請國立彰化師範大學教授擔任諮詢顧問；執行小組由校長擔任主任委員，輔導室主任擔任執行秘書，邀集教導、總務二處主任、教師代表三名、家長會代表一名、會計一名，共計九位委員組成個案國小之「建立學生輔導新體制執行小組」，並每個月以召開一次小組會議為原則、共同策畫、執行、督導與考核。

2.擬定實驗計畫

　　個案國小之「建立學生輔導新體制執行小組」，參考教育部函頒「教學、訓導、輔導三合一整合實驗方案」之教學、訓導、輔導三合一整合架構圖，並根據如表 4-2-1 所示之學校 SWOT 分析，規劃有效結合社區資源與教、訓、輔人員最佳互動模式與內涵之實驗計畫。

表 4-2-1　個案國小 SWOT 分析

因素	S（優勢）	W（劣勢）	O（機會點）	T（威脅點）
地理環境	*位於成功鄉（化名）西隅，環境純樸。	*因地處偏遠，對外資訊較少。	*臨近歷史古蹟鄉鎮，佔天時地利及人和。	*臨近大型學校，學生數易流失。
學校規模	*計普通班六班。 *屬小型學校，有助於學校之經營。	*師生人數有限，規模固定，成長空間少。	*有利教師專業對話及互動。	*學生數逐年減少，嚴重影響學校長遠規劃。
硬體設備	*教學環境寬敞。	*教室樓層集中，回音干擾嚴重。	*本校爭取經費補助，充實現代化教學設備並改善教學環境。	*教學設備補助經費日漸減少，日後需求學校需自行吸收。
教師資源	*教師年輕化且頗具教學熱忱。 *教師調動低，人事尚稱安定。	*教師以年輕女性居多，家庭角色負擔重。	*教師進修風氣盛、意願高。	*外來資訊缺乏，新知接受有限。
行政人員	*努力有熱忱。 *各處室業務皆用心推動。	*教師兼任行政，工作量大。	*行政人員能以身作則並妥善規劃。	*多為教師兼任，時間仍感不足
學生狀況	*大多乖巧及努力學習。	*文化刺激及素養仍嫌不足。	*尚能思考、判斷，頗富自我導向的學習能力。	*外籍、單親家庭日多，預防及輔導偏差行為日益增加。
家長配合	*對學校事務大多能支持、配合。 *參與校務而不干預。	*部分家長忙於生計，無暇關心及配合指導學生學習。	*成立班親會，推動親師合作。 *開放家長參與校務及溝通的管道。	*部分家長與教師產生歧異的教育觀點。

社區資源	*鄰近古蹟、公私機構林立,可提供豐富的文教資源。 *學校及社區資源共享。	*主動積極參與動力不足,無法增加學校資源。	*「社區學校」的共識形成,有助校方與社區的互動。	*參與動機、意見不同,易產生衝突。

資料來源：個案國小建立學生輔導新體制—教學、訓導、輔導三合一整合實驗計畫。【D4】

3.宣導說明方案內涵與執行要項

個案國小教訓輔三合一方案規劃小組擬妥實驗計畫，並於五月中旬提報至區域中心學校，待整個實施計劃及經費概算由縣內督導小組審議回文後，轉交由執行小組依照表 4-2-2 所規劃之執行要項與實施內容進行。

表 4-2-2　個案國小規劃小教訓輔三合一方案執行要項與實施內容

執行要項	實施內容	執行單位	辦理時間	配合措施
一、成立「建立學生輔導新體制規劃小組」擬定實驗計畫。	1.成立「建立學生輔導新體制規劃小組」。	輔導室	93.5	
	2.擬訂本校實驗方案計畫。	規劃小組	93.5	
二、成立「建立學生輔導新體制執行小組」推展實驗工作。	1.成立「建立學生輔導新體制執行小組」	規劃小組	93.5	◎配合各項活動及會議。 ◎每月召開檢討會。
	2.向教職員工、家長、學生宣導「建立學生輔導新體制」之各項實驗計畫，溝通觀	輔導室	適時辦理	

	念，凝聚共識。			
	3.定期召開執行小組工作會議，檢討計畫執行情形。	執行小組	每月	
	4.執行實驗計畫。	執行小組	適時辦理	
三、研訂篩選及輔導標準程序。	1.執行高危險群學生篩選工作。	教導處	93.5	◎建立名冊 ◎不定期輔導
	2.協助高危險群學生適應學校生活。	輔導室	93.5～93.12	
四、落實認輔制度，鼓勵教師參與認輔工作。	1.擬訂教師全面參與認輔工作實施辦法，鼓勵教師全面參與認輔工作。	輔導室	93.9	◎定期召開認輔會議，並配合家長義工培訓計畫
	2.調查及建立適應欠佳個案。	輔導室	定期舉辦	
	3.安排認輔學生個案及認輔教師。	輔導室	定期舉辦	
	4.辦理認輔工作研討會。	輔導室	適時辦理	
	5.建立個案輔導資料檔案。	級任教師	93.9～93.12	
五、辦理教師知能研習，提昇全體教師之輔導理念與能力。	1.聘請學者專家蒞校專題演講，定期實務研討，以有效解決輔導困境。	輔導室	93.9～93.12	◎輔導活動課程由級任教師擔任。
	2.不定期召開「個案研討會」。	輔導室	93.9～93.12	
	3.推動「教師輔導與管教學生要點」。	教導處	93.9～93.12	

六、善用教師輔導工作手冊。	1. 提供教師輔導工作手冊，明確規範教師輔導角色與職責。	輔導室	93.9～93.12	◎每位教師一本列入移交 ◎張貼於學校網路公佈欄
	2. 蒐集教師輔導學生之有效策略與模式，提供教師輔導學生之參考。	輔導室	93.9～93.12	
	3. 運用各項集會時間及機會，導讀「教師輔導工作手冊－輔導ＤＩＹ」內涵。	輔導室	適時辦理	
七、強化各班級任導師職責，落實有效的班級經營策略。	1. 蒐集有效的班級經營策略，建置網路資源，提供一般教師參考。	輔導室 教導處	93.9～93.12	◎張貼於學校網路公佈欄
	2. 落實「班級家長會」的功能，強化親師溝通機制。	級任教師	93.9～93.12	
	3. 運用獎勵券制度，激勵學生學習士氣。	輔導室 教導處	93.9～93.12	
八、強化特殊教育的實施	1. 強化本校特殊教育推行委員會功能，落實特殊教育法精神，貫徹「零拒絕」政策，以照顧好每一位特殊兒童。	輔導室	93.9～93.12	

	2.妥善規劃無障礙設施,提供優質的學習環境,激發兒童的身心潛能發展。	總務處	93.9～93.12	
	3.鼓勵參加特教基礎研習,提昇一般教師特殊教育的知能。	輔導室	93.9-93.12	
九、強化各領域課程教學研究會功能,落實輔導理念融入各科教學歷程中。	1.發展學校本位課程。	教導處	93.9	◎配合週三教師進修,落實教學研究功能。
	2.成立課程發展委員會,暨各學習領域研究小組。	教導處	93.9	
	3.辦理教師專業成長團體,強化各領域課程教學研究會功能,並融入輔導理念。	教導處	93.9～93.12	
	4.配合週三進修及教學觀摩活動,訂期舉辦各科教材教法研討會。	教導處	週三下午	
	5.編印校刊。	教導處	定期舉	
	6.定期召開執行情形檢討會議。	教導處	93.6	
十、推動生命教育。	1.辦理「生命教育週」活動。	輔導室	93.10	◎張貼於學校網路公佈欄
	2.供生命教育相關資訊,建置網路資源,蒐集相關教材,融入班級經營及教學活動中。	輔導室	93.9～93.12	

十一、結合九年一貫課程，發展小班教學精神。	1. 尊重學生個別差異，提供多元學習內涵，以發揮學生身心潛能。	教導處	93.9～93.12	◎定期提供小班教學資訊及輔導諮詢服務。
	2. 充實教學設備，運用資訊教育融入各科教學，營造優質教學環境。	教導處	93.9～93.12	
	3. 增進教師高效能與人性化的教學措施。	教導處	93.9～93.12	
	4. 實施分組、主題式教學，並辦理戶外教學。	教導處	93.9～93.12	
	5. 強化「補救教學」措施，以協助學業低成就學生。	教導處	93.9～93.12	
	6. 統整「小班教學」精神及「九年一貫課程」，規劃各項教師教學活動。	教導處	93.9～93.12	
	7. 推展合作學習教學法、進行多元方式評量。	教導處	93.9～93.12	
	8. 實施活潑的教學策略、週休休閒作業方式。	教導處	93.9～93.12	
	9. 推動英語教學、鄉土教學學習課程。	教導處	93.9～93.12	
	10. 規劃校園學習文化走廊。	總務處	93.9～93.12	

十二、落實教師在教學歷程中輔導學生之責任。	1.於本校聘用教師時,在聘約準則中條列「教師應負輔導學生之責任」。	教導處	93.8
	2.辦理「九年一貫課程研習」,將各學年「主題教學」活動設計,納入有關輔導理念及具體做法。	教導處	93.9～93.12
	3.實施法治教育。	教導處	93.9～93.12
	4.實施性別平等教育。	輔導室	93.9～93.12
	5.辦理「性別平等教育月」活動。	輔導室	93.9～93.12
	6.實施性侵害防治教育。	輔導室	93.9～93.12
	7.實施家庭暴力防治教育。	輔導室	93.9～93.12
	8.辦理學生自治幹部座談會。	教導處	93.9～93.12
	9.實施環保與資源回收教育。	教導處	93.9～93.12
	10.辦理交通安全教育活動。	教導處	93.9～93.12
	11.辦理防震教育活動。	教導處	93.9～93.12
	12.辦理防火教育活動。	教導處	93.9～93.12
	13.辦理消防演練活動。	總務處	93.9～93.12

十三、推展圖書館利用教育，規劃學習成長團體	1. 運用圖書館義工，協助推展圖書館利用教育。	輔導室	93.9～93.12	◎充分運用社會資源進行教學輔導。
	2. 提供教師蒐集資料與自主學習的能力與習慣，培養學童正確認知觀念與習慣。	教導處	93.9～93.12	
	3. 加強辦理教師「讀書會」活動，鼓勵提昇閱讀風氣。	教導處	93.9～93.12	
	4. 培養自我學習及主動研究的精神。	教導處	93.9～93.12	
	5. 辦理兒童晨間閱讀活動。	教導處	93.9～93.12	
	6. 辦理唐詩及成語背誦活動。	教導處	93.9～93.12	
	7. 充實兒童圖書及教師教學用書。	教導處	93.9～93.12	
十四、落實中輟生復學輔導計畫。	1. 擬定中輟生復學輔導辦法。	輔導室	93.9	
	2. 主動協助中輟生適應學校生活。	輔導室	93.9～93.12	
十五、結合社區人力資源，強化輔導網絡功能。	1. 調查、建立及更新社區有關學生輔導的資源機構服務網。	輔導室	93.9～93.12	
	2. 成立義工服務隊及建立義工人力資源資料庫。	輔導室	93.9～93.12	
	3. 成立學校家長會。	總務處	93.9	

	4.建立學區安全維護網絡，設置「愛心導護商店」，維護學生安全。	教導處	93.9
	5.成立班親會。	輔導室	93.10
十六、舉辦教師、義工及家長輔導知能研習與成長活動，全面提昇教、訓輔知能。	1.辦理新生家長座談會。	各處室 輔導室	93.9　◎事前規劃設計。
	2.辦理親師座談會。	輔導室	93.9～93.12　◎各學年每學期至少一次
	3.辦理親職教育暨家長成長團體活動。	輔導室	93.9～93.12
	4.辦理班親會活動。	級任教師	93.9～93.12
十七、建構學生輔導新體制最佳互動模式。	1.訂定危機管理標準程序。	執行小組	93.11
	2.初級預防：針對一般學生及適應困難學生進行一般輔導。	執行小組	93.9～93.12
	3.二級預防：針對瀕臨偏差行為邊緣之學生進行較為專業之輔導諮商。	執行小組	93.9～93.12
	4.三級預防：針對偏差行為及嚴重適應困難學生進行專業之矯治諮商及身心復健。	執行小組	93.9～93.12
	5.引進社會資源，實施全方位輔導。	執行小組	93.9～93.12

十八、調整校內行政組織，建構具有輔導文化效能的新體制	1. 各處室主任皆為「建立學生輔導新體制執行小組」成員，加強處室互動與聯繫。	執行小組	93.10
	2. 教導處兼具輔導學生初級、二級預防功能。	執行小組	93.12
	3. 輔導室增設輔導教師，加強學生二級、三級預防工作。	執行小組	93.12
	4. 定期召開擴大行政會議，推動學校行事，協調溝通互動內涵，建立良好的行政互動機制。	執行小組	93.9～93.12

資料來源：個案國小建立學生輔導新體制—教學、訓導、輔導三合一整合實驗計畫。【D4】

　　任何新措施的推動，首要取得校內全體人員的共識。因此，學校自 2004 年 6 月開始，利用校務會議、教師晨會，多次向全校教師宣導本實驗計畫實施之目的、目標與任務，希望降低教師實施教訓輔三合一方案會增加教學負擔的觀感，同時提高教師配合實施的意願。

（二）落實教師輔導學生職責

1.研訂篩選及輔導標準程序

　　為篩選並建立學生輔導名冊，輔導室在開學一個月後發下班級學生狀況調查表，請導師協助填報，其內容係針對學生家庭背景（包括：單親家庭、外籍配偶子女、原住民子女、隔代教養家庭、身心障礙家庭）；行為表現（適應困難、行為偏差、經常遲到、中途輟學）；學業表現（特殊才藝、低成就、學習障礙）等三大項，目的在隨時掌握校內需要加強關注的學生、及時關懷與介入輔導。

2.強化教師皆負導師職責

　　「把每一個孩子帶上來」是教育改革的期許目標，每一位學生的成長，應該是學校每一位教師責無旁貸的任務，而非單只是導師的責任。個案國小師生比約1：12，教師們可以較輕易的辨認學生，或是協助導師處理學生偏差行為。

3.落實認輔制度

　　教訓輔三合一方案主要在落實學生三級預防輔導工作，期望透過及早的行為辨識，施與個案認輔關懷，從而達成初級輔導預防之效。開學後一個月，由各班導師提報需認輔學生名冊，並依照學校訂定之「個案認輔實施辦法」，邀請有意願的教師參與認輔，同時校長與三位主任亦加入協同認輔行列，利用各種正式（專業對話）及非正式聚會（茶敘時間），共同討論和解決個案輔導問題，改善個案問題，提昇輔導效能。

4.辦理學生教學輔導活動

結合個案國小學校願景「主動積極、實踐創新、尊重關懷、感恩惜福」以提高學生學習成效，各處室協調辦理各項教學輔導相關活動，包括：

(1) 落實推展學校本位閱讀活動；

(2) 推動一人一才藝（直笛）、一人一運動（扯鈴），發展學生多元智能；

(3) 配合節慶設計教學活動，涵育學生尊重關懷、感恩惜福的情操；

(4) 運用多元評量（闖關、檔案、同儕互評、合作報告），提昇學生各項能力；

(5) 延伸教學場域，結合社區進行教學。

5.重視弱勢學生輔導

統計校內單親、外籍配偶、隔代教養、身心障礙家庭子女共二十八位，加上一位聽覺障礙學生，弱勢學生比率高達百分之二十四。針對這些相對弱勢學生，學校爭取以下各項外來資源，予以課業、生活方面協助，企盼提升教育之績效。

(1) 申請教育部教育優先區經費，加強辦理弱勢學生學習輔導；

(2) 辦理特殊教育方案，協助身障生課業輔導。

(3) 結合宗教團體，提供弱勢學生生活物資與關懷輔導。

（三）強化教師教學輔導知能

辦理各項研習進修活動，提昇各科教學研究會功能，融入輔導理念，實施人性化教學措施。

1.辦理教師知能研習

　　週三進修是教師充電的最佳機會，個案國小在每學期末會分發教師研習需求調查表，徵求教師需求與意願，再配合課程教學所需的知能，安排下學期研習課程。九十三學年度上學期因實施教訓輔三合一方案，考量教師的輔導專業背景（如表 4-2-3 所示）略顯不足，安排了教師小團體輔導、教訓輔知能研討與其他各學習領域相關研習內容。另外，個案國小更獨具用心的運用教師專業對話、茶敘與不定期的輔導資訊分享等活動，這是不用花費又能時時提醒老師輔導重要性的好方法。

表 4-2-3　個案國小教師輔導專業背景

化名	具有輔導相關背景	參與輔導知能研習	現職
王校長	無	進階輔導知能研習（三天）	校　長
林主任	修畢 20 專業輔導學分	進階輔導知能研習（三天）	教導主任
陳主任	無	進階輔導知能研習（三天）	輔導主任
鐘主任	教育輔導相關系所畢	基礎輔導知能研習（三天）	總務主任
龍老師	無	無	級任導師
甄老師	無	進階輔導知能研習（三天）	級任導師
丁老師	無	進階輔導知能研習（三天）	級任導師
童老師	無	無	級任導師
胡老師	無	基礎輔導知能研習（三天）	級任導師
韓老師	無	無	級任導師

備註：

一、具有輔導相關背景者占 80%。

二、參與輔導知能研習者占 70%。

三、非輔導相關背景中，且未曾參與輔導知能研習者者占 37%。

2.善用教師輔導工作手冊

　　為豐富教師教訓輔三合一方案的相關概念，輔導室參酌已試辦學校編輯之教師輔導工作手冊，修改成符合個案國小教師使用之內容，包含：教訓輔三合一行政篇、教學篇、輔導篇、資源篇，及教師的特質、教師自我評鑑檢核表等附錄，提供教師應備的參考資料，並將教師輔導工作手冊內容掛載於學校網頁，讓教師在充裕的資訊下，能從容的從事教學與輔導工作。

3.強化課程教學研究會功能

　　掌握九年一貫課程的理念與精神，個案國小成立課程發展委員會及七大學習領域研究小組，並依照學校特性，協同研發適合師生之課程、教學與評量。但因學校教師（含三位主任）人數僅有九位，若要依計畫規定成立小組、定時召開會議，恐因小組人員重疊比率過高，造成教師「三天一小會，五天一大會」之困擾。考量實際推動狀況與教師需求後，發展出如圖4-2-1所示之七大學習領域及六大重要議題課程小組組織，讓教師在投注精神專心教學之餘，研究會功能亦得以發揮。

4.實施教學視導、教師評鑑

　　教育改革的成敗，是否能落實在學生身上，全看教師能否在平日教學中，實踐各種計畫的精神。教訓輔三合一方案鼓勵教師打破「教室王國」的封閉心態，習慣邀請其他教師走進其課堂，從教學過程中給予回饋及建議。個案國小教務處每年會定期安排一次班級教室佈置觀摩、二次教學演示及數次的學生作業檢閱，並於活動結束後進行討

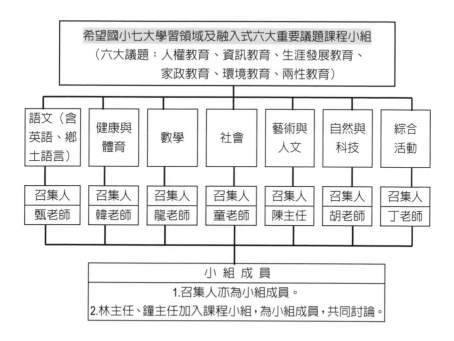

希望國小七大學習領域及融入式六大重要議題課程小組
（六大議題：人權教育、資訊教育、生涯發展教育、
家政教育、環境教育、兩性教育）

語文（含英語、鄉土語言）	健康與體育	數學	社會	藝術與人文	自然與科技	綜合活動
召集人甄老師	召集人韓老師	召集人龍老師	召集人童老師	召集人陳主任	召集人胡老師	召集人丁老師

小　組　成　員
1.召集人亦為小組成員。
2.林主任、鐘主任加入課程小組，為小組成員，共同討論。

圖 4-2-1　個案國小七大學習領域及六大重要議題課程小組組織圖

資料來源：個案國小 93 學年度行事曆。【D2】

論分享，教師們可以從中獲得回饋、建議。不過，除了以上措施外，教師和行政人員很少走進班級給予教學者不同的意見。

（四）統整訓輔組織運作模式

　　教訓輔三合一方案鼓勵各校視實際情況，彈性調整學校行政組織、人員編制與各組職掌，藉以提昇行政效能與提供家長、學生多元性的服務。個案國小因為學校師生人數少，互動緊密，並未將訓導處改為學生事務處，輔導室也仍舊維持舊有名稱，但是配合成立執行推動小組，透過固定的機制與不定期的溝通聯絡，各處室能瞭

解其他處室所要辦理的事項，並且尋求協助或配合，使學校整體運作順暢。

（五）結合社區輔導網絡資源

旨在強化學校輔導網絡系統，期盼有效結合社會資源，協助辦理二、三級預防及危機處理工作。

1.建立學校輔導網絡

蒐集調查學區、鄉、縣及中部地區之專業社工、心理衛生、公共衛生護理、法務警政、心理治療、宗教等專業人員或機構，建立個案國小之社區輔導網絡資源，提供協助三級預防之服務工作。

2.運用社區人力資源

「關起門來辦教育」是以前學校的辦學模式，但個案國小人力資源有限，老師往往身兼數職，難有時間再去尋求多元的輔導教學知能。因此，本學期行政人員率先邀請社區專業輔導機構協助辦理活動，包括：張老師帶領教師小團體輔導、縣警察局宣導法律常識、衛生所宣導性別平等教育活動……等，並彙整資源，建立教師可運用的社區輔導資源庫，期盼師生能認識更多社區資源，願意接納校外資源，豐富教學及有效協助學生輔導工作。

3.辦理親職教育活動

當家長缺乏走入學校意願時，學校更要安排親職講座與親師溝通機會，促使家長改變其觀念，提昇其知能。有鑑於此，本學期特別結合班親會與親職教育講座，除降低家長參加研習的恐懼感，還

運用獎勵券制度，鼓勵學生積極邀請家長參與，活動前一、二天不忘再多加宣導，果然參與人數較以往增加很多，讓辦理活動行政人員雀躍不已！

三、配合措施

（一）本實驗計畫擬定後，執行小組定期開會並共同研訂學校教師研習計畫，排定相關進修研習與各項活動。

（二）本實驗計畫所進行的各項研習或活動所需之物品、場所、車輛或通知，由總務處負責辦理。

（三）為順利進行本實驗計畫，本校執行小組要求學校行政人員及全體教師，除例行性工作外，皆以本計畫進行的各項工作為最優先考量。

（四）本實驗計畫所需經費，由上級專款補助不足部分由學校自籌，其經費之支用與核銷，由總務處與主計人員協助辦理。

（五）本實驗計畫所進行的各項研習與活動，參加人員之出席情形，責由兼辦人事教師協助主辦單位督導。

四、目標

（一）規劃教師輔導學生職責與功能，激勵全體教師參與輔導工作。

（二）增進教師教學與輔導效能，融入輔導理念，提升教學品質。

（三）彈性調整學校行政組織，規劃教訓輔最佳互動模式與內涵。

（四）結合學校、家庭與社區輔導資源，建構學校輔導網絡。

（五）協助學生適性發展，培育健全人格。

　　「教訓輔三合一方案」雖然是 1998 年教育改革新提出的實驗方案，但其內涵仍著重學生是否能實際受益，降低偏差行為、中輟發生。綜觀個案國小在推展實驗方案之前置作業，即已確立計畫之任務指標，進而透過執行要項來逐一落實此方案。

第五章

研究結果與討論

本章內容包括：教訓輔三合一方案在個案國小推動的經驗歷程、個案國小實施教訓輔三合一方案的影響因素、個案國小實施教訓輔三合一方案的困境與因應策略以及個案國小實施教訓輔三合一方案的效益，共計四節。

第一節　教訓輔三合一方案在個案國小推動的歷程

一、源起

從八十五學年度的「小班教學精神」到八十八學年度的「九年一貫課程」，教育改革的步調越來越緊湊，不但要教育鬆綁、暢通升學管道、提昇教學品質，還希望帶好每個學生，讓學生們能快樂學習、快樂成長，這也是「教訓輔三合一方案」的最終目的。

（一）學校採觀望的態度

　　研究者早在九十一學年度就已經陸續聽到，彰化縣各國民中小學將在九十二學年度開始全面實施教訓輔三合一方案的消息，不過因為這一、二年學校輔導室的工作業務繁多，舉凡性別平等教育、生命教育、特殊教育、學生營養午餐……等相關工作的推動與成果彙整，經常為了評鑑忙得不可開交，加上教育局也沒有強烈要求各校辦理，所以也就暫且擱置。

　　九十二學年度下學期，彰化縣教育局為了達成教育部規劃2003 年度全面參與試辦教訓輔三合一方案的目標，在九十一學年度首批參與試辦的 59 所學校活動結束後，編輯列印實驗成果分送各校參考，並預先告知彰化縣所屬國中小學將在九十二學年度全面實施。面對即將實施的方案，各校輔導主任都非常關心，研習碰面時總是提及教訓輔相關的話題。2004 年 1 月，教育局舉辦全縣性的中輟通報系統研習，研究者與四、五位他校的輔導主任們討論到即將實施的教訓輔三合一方案，發現主任們最後一致的結論是：

　　　先看別人怎麼做再說，到時候就依樣畫葫蘆跟著做就是了！
　　　【O930220】

　　經由和他校輔導主任的對話發現，大部分的學校仍然抱持著觀望態度，打算先看看別的學校怎麼進行，然後再踏著前人的步伐跟進。也有的主任樂天的希望教育部來個政策急轉彎，取消這項方案。

　　　反正教育部老是在推新政策，搞不好這個教訓輔三合一方案
　　　明年就停辦了，我們不用那麼緊張啦！哈哈……【O930220】

正因為大家都還是抱持著觀望的態度，所以教訓輔三合一方案在各校仍像顆未發芽的種子，不見任何動靜。個案國小雖然還未正式推展此一方案，但是經由幾次和他校輔導主任互動對話後，研究者對教訓輔三合一方案有更強烈的印象，開始思考是否該主動蒐尋相關資料。

（二）教育局要求全面試辦

大家觀望的態度並沒有持續很久，2004 年 4 月初，彰化縣教育局首先發公文到各校，要求輔導主任參與「彰化縣九十二下半年九十三年度建立學生輔導新體制辦理實驗方案分區說明會」。

為了讓所有的輔導主任更清楚瞭解教訓輔三合一方案，降低推動的阻礙與心結，說明會一開始先邀請專家學者詳細介紹方案的意義、目標、策略、方法及任務指標，接著請九十一學年度試辦成效良好的三所學校展示其推動做法與實施後成效。說明會結束前，教育局再次提醒、要求各校務必在 5 月 21 日前，將實施計畫及經費概算表送交中心學校。至此，實施教訓輔三合一方案已是勢在必行。對於教育局如此強力的要求，輔導主任們不免唉聲連連，徒呼無奈……

> 說明會未開始前，只見現場輔導室主任三兩成群聊天，大嘆拜教訓輔三合一所賜，輔導主任日漸繁重的工作又將加重，大伙眉頭深鎖，大嘆不如歸去……【O930423】

（三）輔導室主任心態的轉換

1.害怕與抗拒

　　「學生輔導」是教訓輔三合一方案推展的主軸，為了讓「輔導室」建立更專業的新形象，教育部建議各校可以將名稱更改為「輔導處」。象徵著原先處於邊陲地位的輔導室已解禁，向專業更邁進一大步。

　　研究者身為個案國小的輔導主任，對於教育部建議更名，提昇輔導室地位的美意，以及賦予推動教訓輔三合一方案的重責大任，其實心裏一直抱持著害怕與抗拒的想法：

> 這麼大的一個方案，為什麼只叫輔導主任開會，難道要我們一肩扛起學校實施教訓輔方案的所有工作嗎？我們只是六班的小學校，「輔導處」、「輔導室」的名稱又沒有差別，反正還不是只有我一個人而已……為什麼是我？【R930425】

　　事實上，「輔導室」與「輔導處」的差異並不只是名稱的改變，而是角色、心態的轉換，面對著即將開辦的教訓輔三合一方案，研究者內心充滿著惶恐與不安。

2.心態轉換調整

　　研究者將內心的情緒轉達給校長知道，表示自己僅是教師兼任輔導主任，並非受過訓練的輔導專業人員，也不具備輔導相關科系畢業的背景，擔心輔導知能與技巧不足，恐怕無法勝任推動教訓輔方案的重責大任。校長溫和卻堅定的告訴我：

教訓輔三合一方案又不是叫輔導室一肩扛起所有工作，而是要將學校各處室的所有資源做一個整合，讓學生可以有效學習。身為一個推動者，自己要先瞭解方案的本意，這樣才能順利推動嘛！不要一開始就覺得自己能力不夠……【O930502】

由於這次和校長開誠佈公的談話，讓研究者原本忐忑不安的心情稍稍平復，願意靜心自省。認真調整自己在教訓輔方案推動所扮演的角色與心態，真正的去瞭解教育部推展教教輔方案的美意，而不是把這個方案當成另一項「擾民」政策。

以往自認為是「角色曖昧的代理主任」的心態，似乎有必要再作重新調整了！尤其是教訓輔三合一方案牽涉層面相當廣泛，幾乎所有行政人員均需全力配合，我應該將自己定位為「帶領者」，而非「配合執行者」或是「統一規劃者」！【R930511】

二、確立組織擬定計劃

為了能如期在 5 月 21 日前，將實施計畫及經費概算表送交中心學校，毫無頭緒的研究者傷透腦筋。雖然參加過教育局辦理的教訓輔三合一方案說明會，也聽過了試辦學校的心得分享。但是，真正要擬出適合偏勇類型的個案國小實施計畫，還真不是件簡單的事啊！

（一）成立執行小組

個案國小全校僅有六班，教職員共計十位。考量學校人力有限，大部份的教師均需帶班，與教導、總務及其他組長討論後建立

初步共識，並邀請擔任小組成員，配合校內行政會議定期召開教訓輔三合一小組會議，討論協調各項活動，整合成對學生最有利的作法，如此老師也才願意配合方案的執行。就像校長提到的：

> 在教訓輔三合一下，行政人員心態需要很強力的做一些心靈的整合！讓他們瞭解說學校事務是模糊化的，很多事情都沒有辦法分得出來誰是誰的工作，所以成立執行小組，定期召開會議，彼此溝通協調是很重要的事！【P931112】

（二）擬定教訓輔方案實施計畫

1.獨立完成的實施草案

取得校內其他行政人員共識，成立教訓輔三合一方案執行小組，並不代表實施計畫也隨跟著水到渠成、順利擬定。為了更有效率的擬定實施計畫，研究者打算透過網路蒐尋教訓輔方案相關資料，以及參考近二、三年實施教訓輔方案績優的學校，尤其是同樣是六班的小型學校的作法，然後仿照、參考其計畫模式，修改成適合個案國小的執行內容。

2.小組成員共同確認實施計畫

當研究者煞費苦心，又是網路蒐尋資料，又是參閱實施績優學校作法，獨自完成的實施計畫送交校長過目時，校長卻認為執行計畫的擬定，不是輔導室的單一責任，而且未必符合學校其他成員的需求。

> 我知道你很認真找資料、寫計畫啦，不過，計畫中涉及到其他處室的業務推展，萬一他們不想做或是做不到，到時候用

「計畫不是我們寫的」這個理由推卸，你要怎麼辦？
【O930511】

校長建議研究者立即會同教導與總務兩處室，針對草擬的實施計畫，共同討論與修改計畫。等到小組成員均確認無誤後，再將計畫送交中心學校，預計由 2004 年 7 月份開始全力推展此一方案。

（三）溝通宣導觀念

推動新措施，事先的宣導是非常重要的做法！【P931112】

教師在教訓輔三合一方案扮演關鍵性的角色，是參與者也是實踐者，所以，明確告知教師輔導學生的角色與職責是相當重要的事情，也有助於方案的推動。為了讓教師瞭解方案的內涵，降低實施方案增加教學負擔的觀感，透過各種教師集會宣導，包括：教師晨會、校務會議，甚至安排輔導專業對話，目的都在於增加推動意願。

1.教師晨會效果不佳

自 2004 年 6 月底多次透過教師晨會向教師們說明，但研究者發現效果不明顯。在一次課餘的閒聊，研究者和甄老師、龍老師如此對話：

研究者：「妳們知道教訓輔三合一方案的意思嗎？」；
甄老師：「教訓輔三合一不是把教導、總務、輔導三處室合併嗎？」；

龍老師：「對啊！對啊！要不然教訓輔三合一是什麼意思？」
【O940608】

即使事先的說明，發現教師們仍抱持似是而非的概念，到底問題出在哪裡？研究者從私下訪問其他教師對於教師晨會說明的效果，擔任中年級導師的童老師誠懇的回答：

> 因為晨會的時間原本就比較短暫，而且很多事項要宣佈，有時候心裏也許還掛記著學生之類的，比較沒有辦法專心去聽！我會覺得晨會的時候宣導，效果會比較不是那麼顯著！【T931104】

2.校務會議加強補充

研究者發現這個問題後立即和校長討論，他認為「推動新措施，事先的宣導是非常重要的做法！」因此，研究者利用期末校務會議、下學期剛開學的校務會議上，反覆向大家說明教訓輔方案的意義，以及學校預計實施的內容，然後校長再進一步補充、強調。他認為推動任何新措施時，需要不斷的提醒：

> 因為老師就是要經由不斷的提醒他---這個措施它主要在做什麼，它會讓學生得到什麼好處，他們才會比較願意去做啦！要不他只會關注自己班級的事情，所以一定要不斷的一直提醒他，這樣才能達到效果。【P931112】

3.透過輔導專業對話，傾聽教師想法

不管是教師晨會或是校務會議，都是由輔導室單向的跟老師傳達，並不清楚老師實際的想法與需求。有鑑於此，協調教導處安排不升旗的晨會，配合學校編印的「教師輔導工作手冊」【D5】，再

次說明教訓輔的意義與主要內容，而後與老師討論執行的困難點與修正方案。

透過不斷的溝通宣導與意見交流，研究者發現雖然剛開始老師都沉默以對，但經由一些不同的看法與事後討論單紀錄【D6】，我知道其實老師對這方案並不排斥，只要行政人員多花點心思，預先說明及規劃安排各項活動，相信老師是願意配合的！如同老師們反應出的想法：

> 我本身沒有兼任行政工作，對教訓輔方案比較不瞭解，如果行政人員可以再說明清楚，大家一起做，我會比較知道怎麼配合。【T931110】

> 實施教訓輔三合一方案，似乎是不會增加老師的負擔，而且可以提醒自己更注意班級經營、親師合作！【T931119】
> 個案國小是一個陣容堅強的團隊，大家都很認真、不怕困難，遇到問題也會尋求協助，實施教訓輔應該 OK 啦！【T931123】

三、行政人員與教師共同推動與實施

（一）行政人員的推動與實施

個案國小校務整體計畫中，原本就涵蓋諸多的活動、宣導，包括：交通安全、肅清煙毒、防範犯罪、性別平等、生命教育、視力保健……等，不只是學校教師反應上級交辦事務太多，行政人員也

常為工作推展絞盡腦汁。因此，行政人員在推動教訓輔三合一方案的各項工作時，特別注重此方案能與學校原有校務計畫相結合，避免讓教師有「外加」工作的觀感，以利整個方案的推動。

研究整理歸納出個案國小行政人員在推動實施教訓輔三合一方案，共分為「提昇教師輔導知能」、「建構教師專業分享環境」、「發展同儕督導機制」、「協助設計多元教學活動」、「引進社區輔導資源」、「建立資源共享機制」六項內容。

1.提昇教師輔導知能

「輔導理念融入教學」、「學生有效學習」都是方案推行的重點，因此個案國小教訓輔執行小組在擬定實施計畫前，曾調查校內教師的輔導專業背景，發現只有教導林主任與總務鐘主任具有輔導相關背景，大約一半的班級導師從未參與過三天的基礎輔導知能研習，對於學生輔導大多憑藉自身教學經驗，或是請教資深的同事。教師們對於學生輔導或是班級經營等輔導相關知能的需求，從九十二學年度下學期教師進修活動需求調查表的統計（詳如表 5-1-1）可窺知一二。

為達到有效教學之目標，首先要強化教師專業角色的整體認知，提昇融入式教學輔導知能，所以處室共同規劃辦理「教師專業成長」、「教學困境研討」活動，配合不定時「輔導資訊提供」，企盼藉由多樣宣導、傳達方式，具體提昇教師們的輔導理念。

表 5-1-1　個案國小九十二學年度下學期教師進修活動需求統計

進修活動內容	教師填答結果	提出需求人數統計
1.課程計畫與設計：_____領域（科目）。	藝術與人文、綜合	2
2.教材教法：_____領域（科目）。	體育	1
3.多元評量的實施。		0
4.教學媒體的運用：_____媒體。	網頁製作、Photo Impact、Flash	3
5.教學檔案的製作。		1
6.學生輔導。關於_____。	偏差行為輔導、人際關係輔導、身心障礙學生輔導	4
7.班級經營。關於_____。		2
8.教學實務（困境）研討。關於_____。		0
9.讀書會。推薦書目或文章：_____。		1
10.參觀訪問。地點：_____。		3
11.影片欣賞。片名：_____。	舞動奇蹟	2
12.小組研討與實作_____次。		0
13.休閒活動。項目：_____。	踏青、爬山、球類	6
14.級務處理（老師自行運用時間）。____次。	填寫2次4位；3次1位；	5
15.其他（請說明）_____。		0

資料來源：研究者參考個案國小九十二學年度下學期教師研習需求整理。【D7】

(1) 教師專業成長

　　一般而言，偏遠地區小學常囿於經費不足、課程設計不符需求、授課教師難以聘請、缺乏互動學習等諸多因素，導致安排教師專業進修不易。此次，由於教育部的專款專案補助，縣內各校平均獲得二萬至三萬不等的執行經費，因此，個案國小終於得以克服經費上的困難，為校內十位教師安排一系列輔導知能研習，包括：七次帶狀的教師小團體輔導、一次大型的教訓輔知能講座，以及區域

性策略聯盟研習。有別以往大型的演講活動，學校特別引進社區輔
導資源，邀請到「張老師」擔任教師小團體的帶領者，希望藉由輔
導實務工作者的專業，有效引導老師學習。老師們對這些研習的反
應很熱烈：

> 講師在我們提問後馬上會把他的輔導經驗拿出來講，這樣感
> 覺就好像可以馬上、即時得到一些回饋這樣子，感覺還滿有
> 效的。【T931028】

> 講師不會一直講理論，會請校內老師把面對案例拿出來講，
> 因為都很熟悉，所以大家都講得很熱絡！我比較喜歡這種做
> 法！【T931110】

> 雖然講師對學生教育沒有直接體驗，但所提理論及推斷結
> 果，能讓老師以更包容的心去面對學生。【T931123】。

(2) 教學困境研討

　　為支援教師能有共同的空堂，可以討論、分享彼此班級經營理
念或教學輔導經驗，行政人員特別排定每個月第一個週二的晨會時
間，為教師教學困境研討及專業對話時間，預先提供研討主題，集
思廣益謀求更佳的教學輔導策略。

> 像我這樣的新進教師，沒什麼教學經驗，從大家討論的內容
> 當中，我可以吸取一些經驗，讓教學更順利……【T931104】

(3) 輔導資訊提供

校長曾指示：「規劃是行政人員負責，那實際上還有滿大部份是導師自己在做，他們到底做哪些是符合教訓輔三合一，可能要提供他優良作法，他才可能有辦法嘛！」【O930812】因此，除了特定的輔導主題進修研討外，行政人員也會不定期的在教師晨會上分享輔導訊息或是研習心得，讓老師們隨時可以感受輔導的重要性，並提供可用輔導資源。老師們在得知這些訊息後，就可以很方便的運用在教學上了。龍老師在訪談時就說道：

> 其實老師平常很忙啊，你要叫他特別去找這方面的資料，沒有空的時候就會忘記，那如果剛好有這個資訊提供的話，是滿方便的！【T931028】

> 另外，輔導室也蒐集教師輔導相關的文章，編輯成「教師輔導工作手冊」【D5】，供教師教學及班級輔導使用，教師們對這本手冊給予很好的評價，認為有助自身教學。【T931103】

2.建構教師專業分享環境

稟持「知識共享」的理念，教導處規劃教師研習心得分享，請參與校外研習教師填寫「教師研習心得手札」，並於週五教師晨會與同仁分享及討論研習內容，一方面讓教師感受進修的重要性，一方面也可讓研習效益擴展整個組織。

像輔導主任去參加一些輔導研習，回來會進行分享，或是將最近報紙看到的輔導相關的新資訊，有什麼資料可以參考的告訴老師……我覺得都很不錯啦！【T931110】

因為職務的關係，我常參加輔導方面的研習，如果這些資訊也讓老師們知道，對學生輔導方面一定有所幫助！【R931217】

3.發展同儕督導機制

教師研習心得分享外，每學年二次的教學觀摩、教室佈置觀摩活動，也是教師敞開教室互相觀摩的好機會，活動後的觀摩分享，更可以讓教師們從不同角度重新省思，也算是教學視導的一部份。

因為教師的專業成長研習，讓教師對於學生個案輔導變得更有興趣，課餘時間也經常討論學生的輔導問題，共商解決對策。在充滿輔導氣氛的背景下，行政人員順勢建立教師同儕督導（collegial supervision）組織（如圖 5-1-1），將全校教師分為兩組，邀請具有輔導專業背景的林主任及鐘主任擔任校內諮詢督導，提供教師輔導相關諮詢服務。教師們可以藉由觀察彼此的教學活動或是討論教學問題，提供回饋批評的方法，達到專業成長的目標；也期望借助校內、外專業人員的輔導專業知能，提供教師諮詢方向，以增進教學輔導效能。

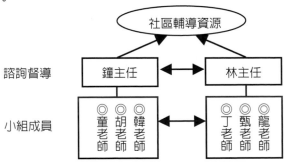

圖 5-1-1　個案國小教師同儕督導組織

資料來源：個案國小實施教訓輔三合一方案成果【D7】

4.協助設計多元教學活動

面對多元的社會環境、逐漸增廣的世界，學生學習的領域與內容也隨之不斷擴展。每個學生有其不同興趣與能力，因此學校與教師亦得安排多樣化的學習活動，才能滿足學生學習需求。個案國小僅有六班，礙於學校人力不足、資源有限，若想安排特殊的教學活動，恐怕淪落孤軍奮戰的地步，因此教師多半會再三考慮，然後放棄原先想法。因此，行政人員必須率先規劃設計多元活動，引導教師改變固有教學模式。如同甄老師和龍老師所說：

> 因為我們人力有限！如果在安排活動上，應該是學校行政方面也要幫忙一下，因為我們不像大學校啊，如果說都是要導師自己來的話可能會很累！【T931103】

> 當我自己去想這個活動的時候，或許比較不周全，藉由學校的力量來推動全校的活動去做，這樣好像還不錯這樣子！【T931028】

在行政人員的共同籌劃安排下，單是九十三學年度上學期，辦理過迎新活動、教師節感恩活動、垃圾分類資源回收宣導、法律常識專題演講、性別平等教育宣導…共計十六場的活動【D7】，對學生也是種不同的學習。

5.引進社區輔導資源

學校教育的發展與社區資源的利用，有著密切的關係，若能靈活有效運用社區資源，不僅可以改善學校學習條件，增進學生學習的興趣。因應教訓輔三合一方案的推動，個案國小積極強化原有的

家長會組織資源，還引進其他社區資源，藉以發揮支援及服務的力量，成為學生輔導的最佳後盾。

> 不過，不像都市學校的家長，願意投注心力，積極參與學校活動；個案國小大部份的家長不是忙於工作無暇參與，就是不好意思走入學校，連原先努力運作的家長成長團體都因參與人員逐漸流失而停擺。高年級的韓老師就表示很難邀請家長參與學校或班級事務：「平常家長都說很會做什麼什麼，可是我一跟他說能不能來學校幫忙，他馬上就說沒有時間……」【T931119】

對小學校來講，「家長」並不是穩定的資源提供者，反而是平常容易忽略的社工、醫療衛生、警政等機構願意提供輔導方面的持續協助，包括邀請法律專家擔任學校法律諮詢顧問，邀請「張老師」的心理諮商師擔任教師小團體帶領人，還有社會宗教團體（華光公德會）提供低收入學生物質、精神上的協助，對學校及老師都是種無形的助益。

6.建立資源共享機制

近十年的各項教育改革，包括：小班教學精神、九年一貫課程教學、教訓輔三合一方案等新措施，不論是各項計畫的擬定、表格紀錄的填寫，到最後的彙整成果報告，甚至是上級訪視評鑑，對學校行政人員、教師都是教學之餘的負擔。對於教育評鑑，擔任資訊組長的童老師有感而發：

唉！上面就是要評鑑嘛，那學校如果沒有拿成果出來，學校評鑑的結果一定很差，所以一定要拿績效給長官看，可是這些評鑑對於行政或是教師，會產生……很多影響！（語帶保留的感覺）【T931104】

因此，個案國小平時在實施各項活動時，都會提醒教師「凡走過記得留下痕跡」，強調要留下教學中點點滴滴資料紀錄，一方面可作為自我檢視及日後參考，另一方面也可以當作日後評鑑的佐證資料。學校不只鼓勵教師留下教學資料，建立個人「教學檔案」，同時也利用學校網站，建立教師「教學空間」機制，提供教師彼此交換教學資源，落實知識管理、經驗的保留與傳承。擔任教職十七年的林主任提到個人的看法：

老師跟行政的觀念真的不太一樣！他會覺得我確實有在做，不一定要呈現這種很書面的東西，像剛開始我跟童老師說要拍照，他會覺得不用啊，現在他慢慢能瞭解為什麼要這樣做了，而且也可以跟其他老師分享作法……【H931202】

（二）教師的推動與實施

教師是學校教學與活動的重要人員，除了負責學生課業教學外，許多跟學生輔導、學校行政活動有關的事務，都需要教師的協助與執行，並具體的落實到班級的學生活動當中。在參與輔三合一方案時，個案國小教師主要的推動與實施內容如下：

1.輔導理念融入教學

　　教學與輔導並不是個別獨立的事件，想讓教學順利，教師本身就得具備輔導的功力。在日常生活學習中，教師要能隨時觀察及辨識學生的行為舉止，發現學生有情緒困擾或不適應行為，藉著教學活動及關懷問候，便可發揮預防性的輔導功能。配合教訓輔三合一方案，學校辦理七次教師小團體輔導，不僅教導教師輔導相關理論，也實際運用到討論校內學生的輔導問題。教師們對於這樣的研習給予正面的反應，並且願意將這些理念融入教學活動中，以更開放的心態，尊重學生多元發展。

> 老師是教育的第一線人員，對於學生是最為瞭解的！其實老師本來就在做了，教訓輔方案只是把它搬上檯面……這樣就會更具體、明確了！【T931119】

2.有效班級經營

　　教師是班級中引領學生各方面學習的靈魂人物。想要成功的班級經營，教師要多採用「積極合理」的反應方式面對學生與處理班級事務，使學生知所遵循，以創造班級最佳的學習環境，促進教學效能。

> 這學期上了輔導研習，我對班級經營方面更有概念，當學生有問題時，要馬上瞭解他的原因，幫他解決問題，而不是去阻止、處罰，而不是尋求他為什麼會這樣子！【T931104】

3.熱心認輔學生

　　教訓輔三合一方案對於學生偏差行為的預防與補救,依學生的問題行為有不同的預防措施。其實,早在實施本方案以前,個案國小已經推動認輔制度,透過認輔教師的關懷與引導,協助學生改善不良行為。

　　個案國小在每學年開學一個月內,會由輔導室發下調查表,向老師說明認輔相關措施,並請各班導師填報名單,接著彙整認輔學生資料,再讓所有老師輪流按照表單自由認輔學生。今年比較特別的是,校長、主任們也都表示願意加入認輔行列,所以全校教師通通擔任認輔教師,全力配合這項工作。

> 可能是小學校人少的關係,加上校長、主任表示願意認輔,或是小團體輔導產生的催化作用,有別其他學校的抗拒反應,老師們倒是興致勃勃的討論著該認輔哪位學生……我覺得,個案國小的學生真是很幸福啊!【R931001】

4.運用班級家長資源

　　在班級經營及教學活動上,教師們無不竭盡心力,希望學生能有最豐碩的學習成效。但因目前的學習課程包羅萬象,不同的領域有不同專精的知識,教師除了自我充實相關知能外,也要積極的邀請家長走入教室,徵求更多的人力資源協助教學,讓學生的學習效果更顯著。

> 我這學期有邀請班上的家長擔任晨光媽媽,早自修的時候會跟小朋友一起看英文卡通,然後看完以後可能問一些問題,

或是跟他們分享內容，我覺得這個效果滿不錯的！然後學生的秩序也比較能控制這樣子！【T931028】

檢視個案國小推動教訓輔三合一方案的歷程，發現個案國小的行政人員與教師在推動教訓輔三合一方案過程中，雖然著重的面向不盡相同，但都能把握方案的內涵，共同朝著「將每一個孩子帶上來」的目標努力。因此，不但行政人員拋棄本位處室，教師也更能參與學生輔導工作，將輔導輔導理念融入教學活動中，積極營造出溫馨關懷、學習成長的校園輔導文化。

第二節　個案國小實施教訓輔三合一方案的影響因素

以往的教育改革措施，很多都是由教育部訂定統一的方法與步驟，學校再依照規範配合實施，但是教訓輔三合一整合實驗方案的作法卻跟以往有所不同，它除了賦予學校彈性調整行政組織與職務的空間外，也容許實驗方案邊執行邊修正，以達到「有效教學」與「輔導學生」的目的。在探究個案國小實施教訓輔三合一方案的過程中，研究者歸納、整理出影響方案實施的重要因素。

一、校長的介入與督導

校長是教訓輔三合一方案的督導者。在任何轉變的文化中,學校領導者都擔當著非常重要的角色,他不但是推行改革的原動力,還要整合學校行政人員、教師內在和外在的共識與配合,才能取得成效,為學校的持續發展奠定穩固的基礎。

(一)改革理念傳達與支持

教訓輔三合一方案是教育部推動教育改革其中一項新措施,個案國小校長十分認同,且瞭解變革轉化的過程中,革新的必要與重要性。因此,校長經常不斷的鼓勵學校成員提昇工作動機,共同完成既定的教育目標。校長表達積極推動的態度:

> 教訓輔方案現在規定就是要全面試辦,不可能逃避或是當作兒戲,所以我們先去瞭解它的目的,看看別學校都怎麼做,然後再擬定適合我們自己的模式。【O930502】

> 領導者最主要就是成為主任們的後盾,所以我會強化主任所提的方案,隨時找機會去強化老師一些教訓輔主要的概念或是說主要的內容,這樣才能達到推行效果。【P931112】

校長會整合主任們在教師晨會報告教訓輔方案的相關事項,並立即再次補充強調其重要性。教師接收到校長的理念後,無形中將產生自我督促的壓力,對於方案的推展有很大的助益。

在教師晨會中報告教訓輔三合一方案的推行工作時，常因為自己覺得是代理主任，角色自限，較無法強力要求教師配合推動，還好校長都會適時的協助強調，這樣會加強教師推行的意願！【R930902】

校長是一個學校的督導，她似乎非常的注重輔導方面！他會去督促各處室推動教訓輔三合一……然後他有時候有一些理念會跟其他報告的各處室主任不一樣，所以她一再的強調會引起老師更加的重視！老師們就會比較認真去執行！對老師有很大的影響，有助於提高老師推動方案的意願！【T931119】

因為可能校長本身有受過「張老師」的訓練，有時候有一些理念會跟其他主任報告的不一樣，校長一再的強調會引起老師更加的重視！包括學校推行的各方面業務！【T931103】

（二）強力整合學校行政工作

實施教訓輔三合一方案，牽涉到學校行政人員是否願意拋棄處室本位心態，將行政業務共同整合到學生輔導工作上。在一次教訓輔實施成果觀摩會上，研究者聽到○○國小的輔導主任如此感嘆：

我們校長根本就不參與方案推動，覺得自己孤掌難鳴，每次在安排或是協調行政工作時，都很擔心別的主任覺得自己越權。如果校長可以表示強力支持的態度，工作會推展的更順利，我也不會覺得這麼累！【O930516】

　　因此，為避免行政處室的本位心態，校長必須給予行政人員強力的心靈整合，讓主任瞭解實施教訓輔三合一方案時，學校事務是不可分割的，需要共同提列學校輔導的優勢與困境，發展出具體行動策略，以達成方案的最終目標。透過與個案國小校長及主任的訪談過程中，可知校長在推動方案前，已具備整合學校行政工作的信念與執行力：

> 我會跟行政人員講說，我們一開學要把準備辦理的活動、時間、固定的行事、開什麼會，讓老師心裏有準備，他就可以接受說在什麼時候開這個會、討論這個事情，他們會覺得心裏有準備，不會覺得這是無意義的，或是覺得說擾民。【P931112】

> 我覺得校長應該是一個很重要的角色，而我們校長本身是一個很積極的人，下面的主任其實也不敢放鬆！【H931202】

　　在校長的強烈指示下：「該開的會議就一定要確實召開！」【O930502】，經過校長強力的介入與要求下，處室間橫向的協調聯繫變得更緊密，學校組織氣氛亦漸和諧。此外，校長更是以身作則，在輔導專業對話後的教師晨會，經常在與同仁們分享教學、輔導相關訊息，也鼓勵教師隨時充實輔導知能，提昇教學成效。校長的角色在學校中舉足輕重，學校的新措施，校長扮演著重要的舵手，有校長的支持，學校各活動的承辦人在推動過程也會比較順利，因此，教訓輔三合一方案若要推行成功，校長扮演著舉足輕重的角色，也是足以影響方案實施成敗的靈魂人物。

二、主任的協調與規劃

學校時常很多方案或活動同時推動，例如：九年一貫課程、資訊融入教學與各式各樣的評鑑，各處室都很重要，彼此若能相互尊重、相互支援，必能提昇行政效能。教訓輔三合一方案中處室主任擔任規劃者的角色，其中又以輔導室主任更是主要的彙整、推動者。

（一）溝通觀念群策群力

個案國小因為教師員額編制少，行政組織架構較小且扁平化，在推動教訓輔三合一方案時，更要加強各處室對方案的理念認知，教導處、總務處、輔導室自然能建立共識，發展良好的橫向溝通，有助益方案的推動。

> 教訓輔三合一不是由輔導室一肩扛起所有工作，而是要將學校所有資源整合，推動者自己要先瞭解方案的本意，才能順利推動。【O930502】

> 行政先溝通好後，步驟較具體、明確的話，那老師在實施時，也比較知道朝哪個方向！【H931202】

> 我們是小學校，大家講一講，取到一個平衡點就滿順利的！行政人員先協調好一個共識，需要老師配合什麼，在正式的場合一道講出來！這樣老師實施就不會有無所適從的感覺了！【T931104】

（二）提供教師行政支援

　　教師原本就得負擔行政業務及教學工作，教訓輔三合一方案除了要求教師將輔導融入教學歷程，以增加教學內涵，又希望人人擔任認輔教師，讓教師的負擔愈形增加，徒增反彈聲浪。事實上，偏遠地區學校教師人力資源有限，卻又是推動方案的重要人員，在教師員額編制無法增加的狀況下，只能仰賴行政人員提供更多的協助與支援。個案國小的行政人員為教師安排包括：學校教師本位的專業知能進修；教師專業對話與教學困境討論機制；共同空堂以供討論備課；共同彈性時間，以利實施統整教學，此外，還建立建立資源分享機制，提供教師交換教學資源。上述各項行政支援措施無非是讓教師在專心教學之餘，還願意配合學校業務推動。

> 規劃是行政人員負責，實際上還有滿大部份是導師在做，到底做哪些是符合教訓輔三合一，主任要提供優良作法，老師才可能有辦法嘛！【O930502】

> 教訓輔主要是老師要把輔導融入教學與辨識學生行為，如果老師本身欠缺輔導知能，沒有這樣的概念其實是很難推行的，所以還是要靠主任安排像小團體輔導這樣的研習。【T931123】

> 還好學校各處室主任會把活動安排得比較詳細，這樣就會幫老師減輕一些壓力，因為我們學校班級人數少，一個年級只有一班，沒有辦法像其他什麼學年主任啊可以互相合作！這樣我們就比較能配合！【T931103】

因為我們人力有限！如果在安排活動上，學校行政方面（指
主任）也要幫忙一下……如果說都是要導師自己來的話可能
會很累！【T931110】

（三）彈性調整落實推動

經由校長所提供的外校作法或是相關訊息，主任得再做深入、
適合的轉化，讓執行的內容更貼近教師、符合其需求，否則教師只
會關注班級事務，不願意配合執行學校活動。值得注意的是，主任
常常擔心新措施會造成老師反感，往往有所保留，對方案的推展有
不利的影響。事實上只要預先規劃妥當，以漸進推展模式，將所有
辦理活動、時間、相關措施，在開學時婉轉告知老師，並隨時傾聽
老師感受，保留討論空間，在全校有共識的情況下，此方案自然易
於推動。

行政人員還是要有健康的心態……不要用以往那種會擾民
的心態去看待整個事，這樣根本做不出什麼結果！要以學生
為主體，考量教師人力能否配合，然後我們所有的計畫都整
併到跟學生相關……那你讓他成為習慣就好！【P931112】

在計畫執行的部份一定要是非常清晰的，要做就是要做！可
是在人為的部份，可以去聽聽老師們的感受，給大家討論的
空間……這樣的措施會不會影響或是效果好嗎？不好就廢
除，好就繼續做！這樣雙方才能配合！【P931112】

其實我們學校在推動、在做，好像都已經先篩選過了，挑老
師可以做得到的才去做啦！【T931103】

　　偏遠地區學校人力有限，推動教訓輔三合一方案更需要處室主任的協同合作，共擬符合學校本位之實施計劃，提供教師充分的行政支援，並定期召開會議確保執行效率，如此才是名符其實的教訓輔三合一。

三、教師的配合與執行

（一）提昇輔導專業知能

　　不可諱言，大部分教師均具備學科教學與班級管理的能力，但在學生輔導的能力仍有待進一步的提昇，尤其是面對日趨複雜的社會文化，學生偏差行為程度也愈形嚴重，教師必須不斷的進修，充實自我輔導專業知能，才能幫助學生解決具體情境中的挫折與困難。個案國小的教師經過一連串的教師小團體輔導、輔導知能研習後，彌補原本略顯不足的輔導知識，對學生輔導更能得心應手。

> 教師要知道他該負的職責是什麼，相關的輔導知能也要知道，怎麼樣才是具有輔導概念的方式來輔導學生……【P931112】

> 以我們自己的一些經驗來處理學生的輔導，有小團體的老師來教給我們這些……會發現以自己的經驗來輔導學生，就是比較會偏離，比較不適用、不適切這樣子！【T931104】

（二）調整心態真心實踐

教師的工作除了「教書」，更重要的是「教人」。教訓輔三合一方案的推動，幫助教師再重新體認肩負輔導學生的重責大任。教育不僅是知識的傳授，更在於助人成長，唯有透過教師與學生的個別化的互動方式，才能具體協助適應困難、行為偏差或中輟復學學生順利成長發展，因此，教師宜調整個人心態，切莫抱持增加教學工作負擔、不願配合推動的心態看待本方案。

> 老師是主要的執行者，他要信服教訓輔三合一，覺得這個對他的工作有意義……心態上要調整，要認為教訓輔三合一是可行的計畫……【P931112】

> 老師應該是很重要的因素吧！因為有一些理念你再怎麼推，如果老師不配合也是沒有辦法運作這樣子！【H931202】

> 因為剛好作這一些事情，它是有確實的效果，不是說形式上去作一些東西，如果確有那個效果，那老師在做雖然會有一點點壓力，但是本身他也會有成長……【T931028】

教師是方案的執行者。教師若能拋棄「學生偏差行為輔導是訓輔人員的工作」等舊有觀念，真心體認到推動教訓輔的內涵，願意以更生動活潑的教學方式，將初級預防觀念融入教學輔導中，並配合學校推動認輔、班親會等措施，相信本案必能落實執行，而非僅是無意義的行動及書面配合。

四、家長的支持協助

英國有名的曼徹斯特報告書（Manchester Survey）中主張：「與教育有關的力量，主要存在於兒童的家庭環境中，家庭因素的重要性，幾乎兩倍於學校與社區的總和。」（引自郭耀隆，1999）學生輔導工作不單是學校人員的事，更需要親師共同合作，而家長本身的教育概念與配合支持，對教訓輔三合一方案的推動有著推波助瀾的功效。但是個案國小在辦理各項親職教育活動時，發現缺席者往往是最需要親師溝通的家長，家長未能參與協助，使得學校教師有心無力，教學輔導成效大打折扣。

為擴展輔導資源，教師們嘗試藉由班親會邀請家長參與學校事務，但成效有限，教師也經常反映家長不只不願意參與班級事務，連學生的輔導都疏於配合。童老師對於家長輔導管教孩子的方式覺得很無奈，說道：

> 畢竟個案國小這裏是比較鄉下的地方，這附近的家長通常因為他們很忙，所以很多學生的家長遇到我，就直接跟我說：「請老師要多管教他，他也沒辦法監督他！」……我也只能在學校的時間輔導學生啊！【T931104】

> 其實我們很多東西都在做，應該找機會讓家長知道……就像自己的教學理念，要讓家長知道……妳也比較有機會知道家長問題在哪裡……這樣小朋友才能得到更好的教學！【T931028】

　　家長是方案的協助者。假若家長願意走入校園，一定能夠體會學校行政與教學的辛苦，更能為教師鼓舞打氣，使學校充滿和諧氣氛，有利於教訓輔三合一方案的發展。雖然個案國小大部份的家長仍沒有參與班親會的習慣，但經由教師與孩子不斷的邀請，相信參與的人將會愈來愈多。

第三節　個案國小實施教訓輔三合一方案的困境與因應策略

　　教訓輔三合一是一個新的整合實驗方案，計畫剛開始實施時，難免面臨一些執行上的問題，本行動研究的主要目的，除了瞭解個案國小推動方案的歷程、影響因素外，同時亦探討個案國小推動教訓輔三合一方案的困境，並嘗試提出解決的因應策略。

一、困境

（一）對方案的態度漠然、認知不足

　　教育部推動的多項教改新措施中，不管是小班教學精神、九年一貫課程或是學校本位課程等，學校想要有效推動，包括校長、行政人員等主要規劃者，以及擔任主要執行者角色的教師，都要真切瞭解實施本意，心態隨之調整後，才會願意配合執行。同理個案國小在未開始正式實施教訓輔三合一方案前，研究者已經透過教師晨

會多次向教師說明實施本案的意義與目的，但效果並不理想，教師難以接收、建立新觀念，自然對方案漠不關心，甚至對教訓輔三合一方案有錯誤的概念。

> 原本認為只要透過教師晨會，先向老師們說明教訓輔三合一方案的意義與需要配合事項，觀念就可以順利的傳達給老師知道……可是，我發現光是晨會宣導，效果根本不夠！
> 【R931005】

由此可知，單純只有運用教師晨會向教師宣導的作法，並無法有效達成建立教訓輔新觀念的目的，教師不明瞭實施此方案的意義，就不會全心配合執行。教訓輔新觀念的建立，是個案國小在實施教訓輔三合一方案時，遭遇的首要困境。

其實學校在實施各項措施之前，都會請行政人員向教師說明執行的意義與目的，以建立教師觀念，進而提高參與意願，並在執行的過程中，逐步再加強觀念與修正做法。只不過，礙於本次方案推展時間倉促，需要教師的極力配合，方能在短時間內達到執行成效。但研究者也發現教師剛開始對新方案的態度漠然、認知不足，是否意謂著學校在推動新措施時，除了說明宣導以外，還要再利用推展的行動過程中，讓教師體會與改變。

（二）教師輔導專業能力不足

1.輔導知能的欠缺

根據本研究調查結果（參見表 4-2-3），個案國小的教職員有80%不具備任何輔導專業背景，這些比例當中又有 37%的教師從未

參與過相關輔導知能研習，顯示教師輔導專業能力不足。因此，在面對班級經營問題、如何將輔導理念融入教學歷程中、學生行為特徵之辨識或是危機處理能力之運用、以及協助學生解決問題等，教師大都依賴自己的教學經驗處理、判斷，欠缺輔導專業能力，較無法有效處理學生輔導問題。

新進的童老師在訪談時曾表示，自己的專業輔導能力不足，時常苦惱無法有效的教學，希望充實輔導相關的知能：

> 像我這樣的新進老師，教學跟輔導經驗都不太足夠，所以在處理級務跟一些學生的課業學習方面，都比資深的老師要多花很多的時間！如果說他們能給我一些建議，或是有機會充實這方面的知識，我會更快進入狀況！【T931104】

2.繁雜公務影響研習士氣

國小辦理週三下午教師進修的經費大多由學校自行籌措，但是個案國小屬於小型學校，籌措經費不易，因此學校只好以最簡易的方式，由校內教師輪流擔任講師，造成進修品質的不穩定。

此次由於實施教訓輔三合一方案，教育局給予各校二萬至三萬元不等的補助經費，省卻學校籌措研習經費的困擾。校長有感於輔導知能對於教師班級經營與教學的重要性，因此指示研究者在編列計畫執行經費時，大部份的經費用要用在教師進修之講師費上：

> 這次因為教訓輔方案，我們好不容易有經費補助，之前學校老師不是有反映，希望週三下午安排輔導相關的研習嗎？我們就趁這次多安排幾場輔導的進修課程啦。【O930511】

考量教師的輔導專業進修需求，研究者和教導處經過協調溝通後，在九十三年九月初至十一月底，安排七次的教師小團體輔導以及一次的教師親職教育講座【D2】，同時邀請實務工作者擔任授課講師，期望教師們的輔導知能能獲得提昇。不過，因為校外的指定進修及其他因素影響，造成研習人數過少，讓參與研習的教師士氣隨之降低不少。

> 甄老師、龍老師、童老師都因為公務去校外參加其他的研習，韓老師因為扯鈴比賽將近，忙著訓練學生，無暇參加研習，今天的教師小團體輔導只剩下六位老師參加。好不容易找了講師，也約了上課日期，老師卻不能出席，感覺很可惜！唉！這就是小學校的缺點，人數少的時候，都會覺得研習乾脆暫停一次算了……【R930929】

> 外面研習比較多，學校剩下五、六個人，就會覺得不符經濟效益成本之類的，我們小學校根本就沒幾個人，辦了會四不像！【P931112】

> 每次週三下午都還有一些校外的研習要參加，留在學校研習的人剩下小貓幾隻，請講師來上課很浪費錢耶！乾脆把錢省下來排其他的活動好了！【T931123】

個案國小考量教師輔導專業知能不足，安排數次輔導進修活動，期望藉以提昇教師輔導相關知能。但研究者發現出席率並不高，除了縣府規定必須參加的研習影響教師參與外，少數教師也會利用週三下午處理學校其它事務，導致知能無法獲得充實，研習成效不如預期。諸多狀況顯示，教師雖然常因各種因素無法參與研習

進修，但本身積極參與研習，充實自我輔導知能的意願，似乎也有待商榷，上述因素將導致教師的輔導知能無法獲得實質的提昇，影響學生輔導工作的推展。

（三）教師時間不足，影響輔導品質

依據表 5-3-1「彰化縣國民小學教師每週授課節數一覽表」所示，六班以下規模的學校規定主任的授課節數是 10-11 節；組長是 21-23 節；教師是 22-25.5 節（包括導師時間，但學生升降旗、午餐指導、作業指導和打掃時間不計）。教師的的空堂時間多用於批改作業、級務處理或是配合學校行事曆安排之活動，使得教師能自由運用的時間不足，影響輔導品質。

> 我總覺得時間不夠用！有時候比如說學生有些偏差行為產生，可是因為要上課，然後下課要改簿子、作業…其實有時候需要當場處理比較有效，可是考慮一處理下去的話，又耽誤到上課，然後就擱下來了！【T931028】

個案國小組織人員編制少，幾乎每一位教師都得兼任行政工作，相對縮減教學輔導時間，級任導師兼組長的童老師及胡老師在訪談時都曾表示：

> 總覺得時間不夠用！其實整個的配套措施規劃好，讓老師有額外的時間，可空出來去自由運用，包括增進自己的輔導專業知能、處理學生偏差行為……【T931104】

> 小學校都要兼行政業務，常常不能兼顧教學，其實很困擾啦！下班後的時間再來處理學校行政方面，還有一些沒有做

好的業務再把它做完。這樣會感覺很疲憊,大學校就比較不會這樣!【T931123】

表 5-3-1 彰化縣國民小學教師每週授課節數

學校規模(以全校班級總數分類,不含特殊班、幼教班)	每週授課節數 (含導師時間)		
	主任	組長	級任及科任教師
6 班(含)以下	10～11	21～23	22～25.5
7～12 班	8～10	18～20	22～25.5
13～18 班	7～8	17～18	22～25.5
19～24 班	6～7	16～17	22～24.5
25～30 班	5～6	15～16	22～24.5
31～36 班	5～6	15～16	22～24.5
37～48 班	3～5	14～16	20～23.5
49～60 班	2～4	12～13	20～23.5
61～80 班	2～4	12～13	20～23.5
81～99 班	2～4	10～12	20～23.5
100 班(含)以上	2～4	10～12	20～23.5

備註:

1. 組長以科任教師兼任為原則,如另有規定得由級任教師兼任之;若組長係由級任教師兼任者,其每週授課節數以級任教師授課標準,並酌減 2 至 4 節。

2. 教師兼任會計、人事、營養午餐秘書,在三十六班以下者得比照組長,在三十七班以上者得比照主任或組長之授課節數標準辦理。

3. 各處室行政事務,除由主任及組長確實負責處理外,得視教師課務多寡,指定教師協助,由校長依各校情形酌減授課節數。

資料來源:彰化縣教育局(2005)。彰化縣國民小學教師每週授課節數訂定實施要點。

未兼任其他行政職務的丁老師在訪談時透露個人的感覺，認為學校常為實施各項活動課程，要求老師挪用學科時間來配合，造成學校活動愈多，教師趕課的壓力就愈大！

> 平常的小活動如果不是排得太多倒是還好啦！可是像遇到學校運動會這樣的事，光是準備進場道具、訓練學生進場或是佈置學校一堆雜七雜八的工作要做，大概一個多禮拜沒法好好上課，運動會後就得拼命趕課，很不喜歡這樣子……【T931110】

由訪談結果得知，個案國小的教師除了教學工作之外，還要批改作業、兼任行政工作、配合學校各項活動，照顧學生生活、處理學生問題等，在有限的時間內，負擔繁重的工作，造成教師「心有餘、力不足」，長久下來容易影響學生輔導品質。

（四）教師評鑑制度建立仍有困難

彰化縣教育局針對教育部所提教訓輔三合一方案之任務指標，擬訂執行任務，並將全縣國民小學分成八大區域（參見表2-3-4），賦予各區執行任務，期望能更具體落實教訓輔三合一方案。其中，「增進教師教學效能與人性化照顧學生，融合輔導理念，全面提昇輔導品質」是方案的第二項任務指標，其相對應的執行任務則為「教學視導及教師評鑑之進行」，與「建立實驗方案及時回饋機制」，屬於彰化區域學校執行重點與特色。

個案國小雖然不是此項的重點發展學校，但因評鑑項目中，包含「教學視導及教師評鑑」一項，為了獲得較佳的評鑑成績，學校

還是得配合施行。研究者從教導主任訪談的結果中得知，目前個案
國小要建立教學視導或是教師評鑑還有困難，林主任認為：

> 講到「教學視導」或是「教師評鑑」，現在要實施好像還很
> 困難，如果要評鑑，哪個項度什麼的，就變成要講得滿具體
> 的，這樣老師又會覺得壓力也滿大的！那行政人員講這樣也
> 不太好說出口（笑聲），因為平時就要請他們幫忙很多事情，
> 卻又要從他們做的這些事來評鑑他們，有時候我在想這
> 是⋯⋯不太合理。【H931202】

評鑑是為了確保教學輔導成效與品質，但從教育的本質來思
考，「輔導融入教學」原本就是教師該做的事，將其訴諸面，以此
評鑑教師，是否有不合理之處。而且，教學視導和教師評鑑的實施，
容易造成教師的誤解，以為會將視導結果列入評鑑項目；行政人員
本身也礙於學校事務需要教師配合執行推動，不願意或是不好意思
建立評鑑制度。其實，教師評鑑制度在大專院校早已行之有年，但
也是經過衝突、調整後，才形成目前的機制與共識。目前國民小學
教師評鑑觀念尚未建立，排斥心態仍存在，想要順利推動，恐怕還
有待努力。

（五）家長參與意願薄弱

從個案國小的 SWOT 分析（參見表 4-2-1）中顯示：大部分家
長除了忙於生計，無暇關心及配合指導學生學習外，家長本身主動
積極參與學校事務的動力也不足，無法增加學校資源。教訓輔三合
一方案鼓勵結合社區人力資源，協助學校推動教育工作，個案國小
行政人員為增加家長參與機會，每學期都會辦理親職教育活動，也

曾申請彰化縣政府補助，辦理免費的親子共學電腦、英語研習，但家長參與意願仍不高，甚至參與人數過少，無法開班授課。面對這樣的情形，行政人員只能無奈的表示：

> 七年前學校辦理新生家長座談會，居然只有三位家長出席，真的讓我們覺得大受打擊！現在情況好一點，但是家長還是不太來……【R931003】

> 學校跟社區要配合沒錯，但是家長參與的意願很低的話，學校申請到很多經費，規畫再好的活動，他們不參與根本就沒用！不只是家長不來，連學生課輔都是這種情形！那其實這樣有時候會讓辦行政的或是老師會覺得無力感…因為看到的回饋是很少啦，學校的教育人員看了就會（苦笑）信心大減！【H931202】

家長不願意參與學校事務，同樣的困擾也發生在班級導師身上。各班召開班親會時，雖然導師一再叮嚀學生邀請家長出席，但出席率還是不見提昇。

> 學校算是滿偏遠的，所以說家長好像……〈嘆口氣〉……本來那個來學校的習慣、意願就不是很大，然後，小朋友也會說家長沒空或是怎樣的，感覺上他們也不是很用心邀請爸爸、媽媽過來。【T931028】

> 在邀請他們的過程當中，覺得他們反應很不熱絡，說什麼家裏有事啦！就是不曉得用什麼方法叫他們來參與…就是對這方面很傷腦筋。【T931103】

學生輔導工作並不單只是學校或教師的責任，必須加上家長的配合才能達到功效，個案國小的家長缺乏積極參與的態度，著實讓學校行政人員和教師在從事學生輔導歷程中，產生力不從心之感慨！

（六）評鑑項目繁多引起抱怨

在執行教訓輔三合一方案的過程中，需要填報的表格資料項目繁多，幾乎每一項都需要留下書面紀錄，以供日後考核評鑑，往往讓實際操作的教師及行政人員感到疲憊，彷彿迷失在書面成果的陣仗當中。

以「彰化縣九十二年下半年暨九十三年度中小學建立學生輔導新體制──教學、訓導、輔導三合一訪視自評表」（參見附錄四）為例，個案國小行政人員在填寫、準備資料時，認為評鑑項目分為九大項、十九小項，實在太過繁多，想要完整呈現學校推動歷程，在評鑑時獲取佳績，勢必增加工作負擔，難免產生抱怨。研究者身為輔導主任，負責資料的彙整，也常為整理書面資料耗費不少時間：

> 評鑑項目真的好多又很細，這對我們小學校來講真的好吃力，最近我都沒空準備教學課程，上起課來有點心虛的感覺……【R930930】

> 每天一上班就是和那些書面資料奮戰，有時候還得留下來加班，真的覺得好忙、好累……，到底是實際推動比較重要，還是準備成果應付評鑑比較重要？【R931028】

167

輔導室只設主任一職，沒有其它教師協助，我常常為了繳交成果，下班後還忙得焦頭爛額，反而忽略本質上的輔導工作，算是相對的弱化輔導專業的角色與功能吧！【R931105】

學校的教導林主任及校長，也發現評鑑項目的繁多，認為這些書面資料的準備工作，真的讓行政人員疲於奔命：

真的是評鑑項目太多了…（笑聲）而且我覺得應該依學校大小啊，有時大學校可以做得到，小學校根本可以不用呈現或省略的。你既然要教訓輔三合一，那資料也應該把發展主軸訂出來，不該把它分成那麼細，可能就一大項，就準備這個嘛，不用再細分很多、很多！【H931202】

我不否認推動教訓輔三合一方案很重要，老師也都很認真執行，只不過學校這麼小，行政人員又要準備文書資料，讓評鑑時可以獲得高分，真的會造成他們的負擔！因為學校的類型大中小不一樣……如果評鑑的項目，可以依學校實際的情形做一些調整，我覺得這樣比較不會造成我們小學校的負擔吧！【P931112】

四年級級任導師兼任資訊組長的童老師，對於學校各項評鑑工作則認為：

我們自己行政本身也要兼任教學工作，那我們常常為了很多評鑑、很多報告要去做，必須安排全校性的活動，其實行政也是滿困擾的！上面就是要評鑑嘛，那學校如果沒有成果給你看，那學校評鑑的結果一定很差，所以一定要拿績效給長

官看，可是這麼多的評鑑對於行政或是學校的教師，還會產
生……很多影響！【T931104】

其實，評鑑最的主要作用在引導方案執行方向與執行成果的呈
現，行政人員若能以正向的角度看待評鑑，在花費時間準備資料考
核時，較不至於心生抱怨，如同校長所說：

不要那麼排斥評鑑、考核嘛！你就把它當成是一種提醒，告
訴我們去做哪些措施……【P931112】

由於教育部開始積極重視學生輔導相關工作，為了確認執行成
效，製訂考核評鑑表，規定相關內容指標，並由學校填報表格、繳
交成果或是接受評鑑。個案國小因為學校規模小，教職員編制原本
就不如大學校齊備，行政人員不但要擔負較多的教學節數，還要處
理繁雜的行政業務，相當辛苦。九十二學年度起再加上教訓輔三合
一方案的推動，為了充分展現學校成員共同實施的歷程，讓評鑑結
果更趨完善，行政人員需要投注更多的時間與精力，將書面資料彙
整呈現，往往讓行政人員疲憊不堪。

二、因應策略

（一）傾聽分享，注重雙向溝通

發現透過教師晨會宣導未能達到預期效果，研究者立即和校長
商討，改為利用學期期末及學期初之校務會議加強宣導、說明，然
後校長再進一步補充、強調。不過，動搖舊有想法並非易事，除了

上述的教師晨會與校務會議宣導，另外再協調教導處安排輔導專業對話，讓所有教師及行政人員面對面互動懇談，最後加上主事者的帶領投入，教師才願意信服。

> 和校長及主任們討論後，針對本案安排一次輔導專業對談，澄清觀念外，也有機會傾聽老師的心聲！【R931005】

> 大家會一起開一些會，預先協調、互動溝通，因為本來就在做了，現在只是再加強一些不足或是本來忽略的地方！所以在導師部份覺得應該沒有什麼問題，可以配合推動啦！【T931103】

理念的宣導與澄清是推動新方案的首要工作，透過多次的機會宣導，待學校成員都建立正確理念之後，才會有正確與積極性的行動。

（二）提昇教師輔導專業知能

從社會變遷的角度來看，教育是要幫學生準備迎接未來，但是知識發展日新月異，教師需要透過不斷的進修，才能提昇自我輔導專業知能。不過，由於個案國小研習經費不足，加上教師參與人數過少，導致行政人員很難安排教師輔導知能進修活動，造成方案推展效果未能達到預定目標。有鑑於此，校長與主任們經過一番討論後，認為除了固定的週三進修外，也可以透過輔導專業對話、輔導資訊分享、讀書會等模式進行，一方面可以節省經費、人力，解決教師進修安排困境，又可有效提昇教師知能、增進學生輔導，營造學習型組織的氣氛。

如果是知能會欠缺，就需要輔導室不斷的用各種活動、機會，來告訴他們到底什麼是教訓輔三合一。看到別學校的優良作法有哪些？他們的教師做了哪些？把這些列出來，告訴他們別的老師做這些，這是很棒的做法！所以行政人員還有另一項重要的工作就是提供資訊！【P931112】

教師們對於學校安排的輔導專業知能進修也表示贊同，覺得獲益匪淺：

這次的週三進修請張老師來帶領小團體，感覺很不錯…老師用實例方式討論我們學校的個案，比較符合大家需求……【T931123】

每次輔導專業對話，都是經驗的交流，大家會提供一些方法以及如何和孩子講話，用他們的角度來看待事情，我也比較能夠瞭解學生的一些行為、產生的原因，當然透過其他老師的經驗裏面，他的言談、舉止，他的處理方式，這一個過程當中，覺得有些滿不錯的地方！【T931119】

當校長或輔導主任在我們專業知能對話的時候，配合宣導說去參加研習，然後獲得什麼樣的資訊，透過分享比較能夠瞭解或知道到底研習說了哪些重點。【T931110】

覺得自己輔導方面的知識，或是對學生的輔導，透過學校安排的進修，以及一些老師經驗的分享，能獲得跟以前不一樣的想法。【T931104】

教師的工作在「樹人」，「樹人者」需要隨時有活頭源水，因此，教師必須扮演主動追求知識的學習者，隨時充實自身輔導知能，如此才能引領學生順利邁入未來新世紀，個案國小教師積極利用輔導專業對話、輔導資訊分享、讀書會等機會，努力提昇輔導知能，有助教訓輔三合一方案推展。

（三）整合校內外資源，鼓勵協同合作

針對教師時間不足無暇顧及輔導的困境，學校採取整合校內行政資源、鼓勵教師協同合作及尋求社區輔導資源加入輔導行列等策略因應。

1.整合校內行政資源

由於學校須配合執行的政策繁多，行政處室相對得安排各項學生活動，以便評鑑時能有文書資料呈現。教導處與輔導室曾因事前未充分聯繫，導致同一天安排二項的學生活動，讓班級老師覺得級務難以安排的窘境。因此，個案國小雖然學校規模小，但該開的會議還是得開，如何整合這些繁瑣的事項，使其達到實際功效，則是門大學問！

> 現在新的措施實在太多了，大家在開會時儘量溝通整合成對學生有利，就挑那幾項來做，然後就要確實的做！既然全校都有共識，就會覺得心裏有準備，不會覺得這是無意義的，或是覺得說擾民。【P931112】

> 我們學校班級人數少，一個年級只有一班，所以可能沒有辦法像其他什麼學年主任啊互相各方面活動可以互相的合

作！那這方面我覺得個處室就是會幫老師減輕一些壓力，就會把活動安排得比較詳細，那我們老師可能比較能配合！【T931103】

2.鼓勵教師協同合作

個案國小的行政處室會將資源整合，共同安排多元、豐富的學生輔導活動。除此，因為教師彼此的協同合作比起個人的單打獨鬥，不但可以節省時間、減輕教師負擔，也可以促進學生有效學習，因此學校十分鼓勵教師依照低、中、高三個年段，兩位教師一組，共同設計課程活動。

我們教務組在排課時，會幫同一年段的老師安排共同空堂，方便老師討論課程或是教學活動，這樣老師會比較輕鬆一點吧！像我自己就常跟韓老師一起討論、安排學生的活動。【T931123】

3.尋求社區輔導資源加入輔導行列

在個案國小人力資源有限，教師無法兼顧學生輔導的狀況下，學校積極的向外尋求社區輔導資源，以增加輔導成效。

（1）建立社區輔導網絡資源

輔導室首先整理可供教師參考運用的社區輔導相關資源，建立屬於個案國小的社區輔導網絡系統，詳列於學校網頁及教師輔導工作手冊內【D5】，明確告知教師可多運用資源，在教學歷程中融入輔導理念，藉以降低學生問題發生機會，減少處理學生問題之困擾。

（2）主動邀請校外人士參與活動

另一方面，因為個案國小校長曾接受過「張老師」義工培訓，認同其輔導經驗與成效，因此主動邀請張老師機構中有經驗的心理諮商輔導師，不但帶領校內教師進行小團體輔導，實際提昇教師輔導學生技巧，同時亦協助個案國小建立同儕督導機制，解決教師學生個案輔導諮詢的困擾。

除了張老師帶領小團體輔導的專業輔導教學外，學校還尋求社會慈善宗教團體（華光公德會）關懷班級弱勢學生，不只提供日常生活上物質的補助，也讓學生感受社會溫情，是項難得的輔導資源。

由上得知，教師常因時間不足，無暇顧及學生輔導，若能整合學校行政資源，教師協同合作共同進行教學輔導活動，相信必可節省教師教學時間，增加處理學生問題的機會。

（四）從建立同儕督導制度與教學檔案做起

因個案國小目前在推動教學視導或是教師評鑑上還有困難，研究者和校長、教導主任共同討論後，決定從建立同儕督導制度與教學檔案做起。

1.建立同儕督導制度

個案國小的教師每天十點十分下課都會到校長室「茶敘」，偶爾也會將學生輔導個案提出討論，參與過本學期辦理的輔導專業對話與教師小團體輔導的進修後，教師討論學生輔導的次數更為頻繁，因此，同儕督導制度也就應運而生—首先邀請校內具有輔導背景的林主任與鐘主任擔任督導員，將校內教師分為兩組，彼此可以

討論教學或是輔導問題，也可隨時向督導請教諮詢。與教師評鑑相比，同儕制度的建立，讓教師可以更放心的和同事互動、交流，解決教學過程中遭遇的困難。

> 藉由同儕交流比較不會不好意思說出自己的問題，會覺得那也滿正常的，也可以得到同事的回饋！【T931028】

> 有專業對話或是同儕督導這個制度，我可以增加學習機會。【T931104】

2.建立教師教學檔案，紀錄教學點滴

學校統一購買活頁檔案夾分給班級教師，並邀請校外有經驗的教師教導檔案製作，明確告知教師將於期末進行教學檔案成果分享，期望藉此督促教師學習成長。對於這樣的措施，教導主任與教師各有不同的看法：

> 在一學期當中，教學上遇到比較嚴重的事情，或是你處理比較有心得的，你把它紀錄下來！這些都可以放進教學檔案裏面，這也是給老師一個觀念嘛，「凡走過必留下痕跡！」【H931202】

> 有些東西是我們平常就有在做，只是沒有想到要留資料下來，現在學校規定要做教師檔案，我就得提醒自己，做任何活動記得要拍照，學生的學習單也要記得留下來！做這些事應該是還好啦！總是要有一點壓力才會成長嘛！（笑聲）【T931103】

（五）運用策略，鼓勵家長參與活動

根據資料分析，針對家長資源有待突破的困境，學校採用以下策略因應。

1.利用假日辦理活動

個案國小家長的職業以受僱型態的勞工為主，學校如果利用非假日辦理活動，家長恐怕較難參與。行政人員認為學區家長素質良莠不齊，配合學校教育的能力和意願不強，將會讓學校辦學及教師教學輔導上受到限制，因此，均挑選假日辦理活動，並於事前預先告知，增加家長出席機會。

2.透過孩子的熱烈邀請

孩子是學校與家長間的重要橋樑，經由孩子的熱烈邀請，家長會比較願意到校參與活動。為了讓孩子積極的邀請家長，學校運用「獎勵券制度」（參見附錄五），鼓勵成功邀請家長參與活動的孩子。

運用假日辦理活動與透過孩子的熱烈邀請兩項因應策略，讓家長明顯感受到學校的辦理活動的用心，願意走入學校參與親職教育活動：

> 今天參與講座的家長有 34 位，和以往相比明顯變多，加上小孩也一起坐在視聽教室裏面，位置坐得滿滿的，連老師都沒地方坐！【O931003】

> 上次的親職活動參與的家長很多，讓行政人員跟老師都很有成就感！這樣一來，老師也比較有機會跟家長溝通自己的教學理念！【T931119】

3.多樣親職教育活動模式

以往僅採用親職教育講座模式辦理家長知能研習，但經過幾次觀察後發現，家長一方面可能不習慣長時間靜坐聆聽專家演講，一方面擔憂孩子的行動，在研習過程中不斷東張西望、打瞌睡，或是利用中場休習時間先行離開。有鑑於此，校方特別結合親子動手做、班親會等活動，藉以充實、活潑親職教育內容，也會在期末舉辦親師生聯誼聚餐，透過參與學校各項事務，製造親師溝通機會，增加家長輔導理念，進而促使親師合作，有效學生輔導。

（六）因應評鑑，設置成果分享平台

教改推動的相關工作項目原本就比較繁多，行政人員為了應付上級評鑑，經常忙著製作書面成果，再加上教訓輔三合一方案的實施，更是忙得不可開交，容易影響教學及校務正常運作。為因應評鑑，個案國小請資訊組長童老師協助建立「成果分享平台」，將平常辦理活動後留下的書面或照片資料檔案，分門別類清楚儲存，一來可以節省尋找資料時間，避免日後評鑑時手忙腳亂的窘態，同時也較能完整呈現活動成果；二來可以參閱舊有的檔案資料，方便日後活動的辦理。

> 評鑑成果常需要活動照片的佐證，有了分享平台，大家可以很容易找到照片檔案。有時候要編寫活動計畫，也可以直接用 OK 的計畫來改，這樣可以節省一些工作的時間！【H931202】

　　個案國小建立成果分享平台，讓行政人員在辦理活動後，可以立即儲存豐碩的文書、照片資料，將大家努力實施的成果完整保留，也就達成教育部設置評鑑制度的目的。

　　教訓輔三合一整合實驗方案是一項觀念整合，也是業務整合的工作，需要學校全體人員有企望改變的心和相互合作的理念，才能共成其事。個案國小在推動的歷程中遭遇諸多困境，透過研究者設計之行動研究與因應策略的執行，讓學校全體伙伴以學生輔導為前題下，擺脫個人本位心態，相互合作、學習，不斷提昇專業素養、追求成長，充分掌握此方案的精神與方向，進而做出更有個案國小學校特色的具體措施。

第四節　個案國小實施教訓輔三合一方案的效益

　　個案國小雖然實施教訓輔的時間並不長，但經由本次的探究，仍可發現包括學校行政人員、親師生均確實得到效益，茲說明如下：

一、整合學校行政資源

（一）處室聯繫溝通機會增加

　　個案國小因為學校班級數少，原本行政組織編制就扁平化，實施教訓輔三合一方案後，透過執行小組與行政會議定期召開，更加

強處室業務的聯繫溝通與工作的傳達。學校行政處室各有其職責與
業務，配合實驗方案的推展事項，與小組會議召開，不但能確保協
調、溝通管道的暢通，且讓行政工作執行更有效能，也會避免以往
處室之間各行其事，甚至於互推工作的情形。

> 全校性的一些相關事務需要做整合，更有聯繫討論的機會，
> 處室的融合度變得比較好！【P931112】

> 之前沒有教訓輔三合一，他們沒什麼概念，就會用以前的方
> 式，就是分文分到誰就是誰辦那個工作，那個協調性就會比
> 較不好。那現在有教訓輔三合一，其實就等於全校性的一些
> 相關事務做整合，包括各處室活動、業務推動的時間，也會
> 去找出聯繫討論的機會！而且假設大家心態上覺得教訓輔
> 三合一是對的，也比較不會排斥互推工作了。【P931112】

> 開會時大家會集思廣義嘛，這個對各處室幫助都很大，讓各
> 處室的融合度變得比較好！【H931202】

（二）學校活動得以規劃整合

　　行政人員在規劃辦理各項活動或方案內容時，會預先考量學校
人力、物力及師生實際需求，將諸多活動配合學校原有行事加以整
合，待行政會議討論取得共識後，於教師晨會轉達，讓全校教師都
能快速的瞭解，學校要推動及需要配合的相關事項，處室一起結合
辦理。以個案國小九十三學年度上學期彈性學習節數教學計畫為例
（如表 5-4-1 所示），行政人員會以最佳互動的模式，形成有效率
的工作團隊，提供全校學生輔導相關服務。

表 5-4-1　個案國小九十三學年度上學期彈性學習節數教學計畫

節數\年級		一年級	二年級	三年級	四年級	五年級	六年級
每週教學節數		3	3	4	4	4	4
學期總節數		60	60	80	80	80	80
項目	內容	實施節數	實施數	實施節數	實施節數	實施節數	實施節數
學校行事	教務處 閱讀（20節）	20	20	20	20	20	20
	教務處 電腦（20節）	0	0	20	20	20	20
	教務處 語文	0	0	0	0	20	20
	訓導處 法治教育宣導	1	1	1	1	1	1
	訓導處 交通安全教育宣導	1	1	1	1	1	1
	訓導處 校慶（7節）	7	7	7	7	7	7
	總務處 防災宣導	1	1	1	1	1	1
	輔導室 新生入學迎新活動	1	0	0	0	0	1
	輔導室 教師節感恩活動	1	1	1	1	1	1
	輔導室 營養午餐教育宣導	1	1	1	1	1	1
	輔導室 冬至搓湯圓活動	1	1	1	1	1	1
	輔導室 性別平等教育宣導	2	2	2	2	2	2
班級行事及特色教學		24	25	25	25	5	4

資料來源：個案國小九十三學年度上學期學校行事曆【D2】

　　在推展相關措施後，也會傾聽教師的心聲，針對實施情形作必要的檢討與修正，力求發揮方案的最大效益。擔任出納的龍老師反應，學校活動先規劃整合後，老師配合度也變好了！

　　　因為當我自己去想這個活動的時候，或比較不周全，藉由學校的力量來推動全校的活動去做，這樣好像還不錯這樣子！……或許說它有一個架構一個 idea 給老師，要做什麼

活動，然後小細節老師再自己去調整，這樣老師可能配合度
會比較高！【T931028】

二、提昇教師輔導專業知能

（一）專業進修兼顧理論實務，深獲好評

　　教訓輔三合一方案強調教師要能有效教學及輔導學生，並運用
各項輔導技巧於日常教學活動中，以增進學生學習發展。個案國小
的教師除了教導、總務主任受過輔導專業訓練，大部份教師都是用
自身舊經驗模式來輔導學生。敏察到教師輔導知能的不足，教導處
與輔導室共同規劃如表 5-4-2 所示之教師進修研習課程，期望透過
理論的解說與實務的探討，對老師的教學能力、班級經營均有幫
助，甚至讓老師的自我情緒獲得改善，在處理學生問題能力上更為
圓融。

　　對於行政人員規劃的輔導知能進修活動，教師們給予高度的肯
定與評價：

> 在提個案的時候，也要有一些些理論當基礎，雖然剛開始會
> 覺得說理論好像沒有特別的太大幫助，可是如果針對我們的
> 個案來帶進他的理論，其實這樣子不錯！……有時會有很多
> 瑣碎的狀況，讓你根本無法聚焦，所以從一個理論來輔佐
> 它，就可以看出那個案即時需要解決的地方在那裏……
> 【T931123】

表 5-4-2　個案國小九十三學年度上學期週三進修研習課程表

週次及日期	週三進修研習項目名稱
第一週（93/09/01）	教師小團體輔導
第二週（93/09/08）	教師小團體輔導
第三週（93/09/15）	教師小團體輔導
第四週（93/09/22）	教師小團體輔導
第五週（93/09/29）	教訓輔知能研習
第六週（93/10/06）	鄉內策略聯盟──班級經營
第七週（93/10/13）	教師小團體輔導、第一次定期評量
第八週（93/10/20）	教師小團體輔導
第九週（93/10/27）	教師小團體輔導
第十週（93/11/03）	班級家庭訪問
第十一週（93/11/10）	台中市進德國小參觀
第十二週（93/11/17）	學習輔導影片欣賞
第十二週（93/1124）	教師健身活動
第十三週（93/12/01）	教師英語課程研習──自然發音法
第十四週（93/12/08）	第二次定期評量
第十五週（93/12/15）	班級家庭訪問
第十六週（93/12/22）	教師英語課程研習──英語教學之實務研討
第十七週（93/12/29）	教師英語課程研習──節慶教學單元設計教學
第十八週（93/01/05）	各班級訂定寒假作業
第十九週（93/01/12）	第三次定期評量
第二十週（93/01/19）	學期結束

資料來源：個案國小九十三學年度上學期教師週三專業成長計畫表【D6】

　　這次研習輔導策略，學到了短期焦點諮商，而且得到一點重要的觀念……不要去看學生的不好的，每一個學生都有他正面的地方，我們應該多正面思考！……有人再提醒的時候，你就會意識到其實自己也常犯這個錯誤！然後就會比較有注意這一方面。【T931110】

因為有些理論我們平常也沒有在注意，就是說以我們自己的
一些經驗來處理學生的輔導，有小團體的老師來教給我們這
些……會發現以自己的經驗來輔導學生，就是比較會偏離，
比較不適用、不適切這樣子！【T931104】

（二）知識共享增加經驗交流

實施教訓輔三合一方案後，行政人員或是教師參加校外研習，
會在教師晨會上與其他同仁分享心得，讓研習效益得以繼續擴展。

學校常會提供輔導相關的新資訊，或是去參加輔導研習完回
來進行分享。我是覺得那個都不錯啦！其實老師平常很忙，
那如果剛好有這個資訊提供的話，剛好你課程講到什麼地
方，如果剛好接受這個課外資料，就會突然想到可以用這個
補充，是滿方便的！【T931028】

覺得自己輔導方面的知識，或是對學生的輔導，透過學校安
排的進修，以及其他老師經驗的分享，能獲得跟以前不一樣
的想法。【T931104】

（三）形成學習型組織

個案國小考量教師輔導知能不足，以教師需求為本位，安排相
關教師專業成長進修活動，可是教師們常因縣府辦理的其他校外研
習，無法全程參與，但是校內參與進修的老師，隔天都會跟未參加
的教師分享，讓研習效益可以持續。只參加過二次研習進修活動的
甄老師說道：

> 因為要參加縣政府辦理的會計人員講習，我只參加了兩次學
> 校辦理的小團體輔導，但是回來其他老師都會跟我說，上次
> 研討到什麼還不錯，然後告訴我內容……【T931103】

教師們不只會持續討論進修課程內容，也會透過校內規劃的輔導專業對話相互溝通，更會互相邀請參加校外競賽或是研習活動，整個學校氣氛主動而積極，也帶動整個團隊互動學習的風氣，使學校成為學習型組織，這對推展教訓輔三合一方案有很大的助益！

> 大家經常這樣互相交流，其實資訊就會比較容易進來，也比
> 較會成長！【T931028】

> 多跟校內一些同事溝通、交流，對於這個小孩子的輔導，或
> 是你本身的輔導知能提昇，還是很有幫助的！【T931104】

> 覺得自己輔導方面的知識，或是對學生的輔導，透過學校安
> 排的進修，以及一些老師經驗的分享，能獲得跟以前不一樣
> 的想法。【T931119】

（四）建立同儕督導制度

經過一連串的輔導知能進修，校內討論班級經營、學生輔導氣氛較以往熱烈，在小團體帶領老師的建議下，建立個案國小同儕督導組織，教師們不只可以互相觀摩學習，也可以透過諮詢督導的協助，獲得回饋與建議。

> 大家平常是好像當作聊天這樣子，其實彼此有在交換意見，
> 但是都沒有把那個形式，很正式的組織起來。透過（已經施

行的）這個制度，讓我們更完全的評量輔導效果，或者是說
找到更多你在輔導上的盲點這樣子！【T931028】

三、有效學生學習輔導

（一）改善教師情緒管理，增加師生互動機會

教訓輔三合一方案的最終目標是及早辨識學生偏差行為，將每
個學生帶上來，經由不斷的理念傳達、輔導研習，老師逐漸改變心
態，對待學生變得更寬容，因此學生更願意和老師親近，也更樂於
學習了！

> 我更能夠控制自己的情緒，比較能夠說去改變自己的心境。
> 在處罰或罵小朋友時，比較能轉移到要真的要解決的問題，
> 而不是只有情緒的宣洩而已。【T931104】

> 更懂得放慢腳步，使緊張的師生關係獲得鬆弛……
> 【T931123】

> 老師更有輔導知能以後，就會用更多的愛心來看待學
> 生！……老師對學生會更多一點包容力，學生的行為都會被
> 關注到這樣子！【H931202】

> 自從上了有關於教訓輔這方面的知能以後呢，我就會比較變
> 得比較有耐心……小朋友就會覺得老師變得比較好！那比

較不怕我的話，他就願意跟妳親近，這樣他學得會比較好！
比較聽得進去！【T931103】

（二）主動認輔關懷學生

教訓輔三合一方案鼓勵認輔學生，除了班級導師外，個案國小
所有行政人員亦加入認輔行列，經常利用茶敘或是空堂時間，共同
討論輔導策略與技巧，使學生表現適當的行為。面對學生的偏差行
為，更願意主動關切，協助改善其不良行為。

> 四甲的二位學生經常不寫作業，導師請他們到辦公室補寫，
> 幾乎所有經過的校長、主任、教師都會詢問學生狀況，並口
> 頭督促他們。【O940104】

> 所以有這一個方案以後，大家會……變得更常去討論學生的
> 問題。可能以往沒有注意到學生的問題，忽略他的部份，然
> 後妳會再去重視他，然後妳可能會有不同的想法！
> 【T931028】

> 學生會獲得比較多的關注啊！之前沒有教訓輔三合一，老師
> 可能會覺得那些學生是邊緣人吧！他只要在教室不吵不鬧
> 就 Ok！那現在會比較努力的想方法，考慮哪些是可以提供
> 學生協助！包括是不是把他當成認輔學生……其實也可以
> 減輕老師一些教學負擔吧，也可以讓那個學生受益！
> 【P931112】

　　經由一再的宣導說明，再加上學校安排的輔導專業對話及各種教師輔導知能研習，教師逐漸明瞭教學歷程中輔導學生的角色職責，並非單只是行政人員或是導師的工作，而是全校教職員應當共同參與的事務。透過輔導知能的充實，辨識學生問題行為的能力獲得提昇，及早發現學生異常行為，進行初級預防工作，掌握問題處理先機，有效解決學生問題。

四、改善與社區輔導資源的關係

（一）促進家長參與學校事務

　　社區家長是學校教育的合夥人，為促使家長參與學校事務，學校辦理多元的親職教育活動，藉由各項活動的參與，讓家長對學校有更多的瞭解，進而願意提供協助，增加學校或是教師的輔導資源。

> 不能再把學校當成與世隔絕的社會，如果說能把社區或是家長的資源帶進來，讓老師不管是教學或輔導方面的知識，能讓家長瞭解老師的一些作為！畢竟家長跟老師都為了自己的孩子好，然後基於這個共同的目的，讓彼此能更加的瞭解，我覺得這是很好的現象！【T931104】

> 實施這一個教訓輔三合一方案的影響，就是看到更多家長參與吧！【T931028】

（二）強化班親會運作功能

除了學校行政辦理的全校性親職教育活動，校方也鼓勵班級導師成立班級親師會，不但增加和家長互動的機會，也可以擴展輔導資源。多數的教師對於班親會的功能均給予正面的肯定，不過因家長參與風氣不盛，加上教師沒有積極邀請，效益有限。

> 學校會多鼓勵老師去運用家長資源，變成就是有一點間接給我們一點壓力，讓我們去瞭解身邊有什麼樣的資源可以用。【T931028】

> 透過班親會的活動，自己的教學理念可以傳達，家長也比較知道老師的想法，你也比較知道家長問題在哪裡。【T931028】

> 班親會的目的本來就是在於家長跟老師能夠交流，不管是對孩子學習態度或是家長對老師的管教方式……所以班親會的成立本來就是一個滿好的溝通管道！【T931104】

（三）整合社區輔導資源

個案國小受限於學校規模不大，不管是人力或是物力資源都有限，因應教訓輔方案「結合社區輔導資源，建構學校輔導網絡」的第四項任務指標，整合學校可運用的社區輔導網絡資源。目前學校運用的社區資源除了原有的家長會、班親會外，教訓輔方案推行後另增加「愛心導護商店」、宗教團體（華光公德會），及張老師心理諮商治療等，不但能增進預防輔導功能，亦能協助診斷、治療及危

機處理工作。輔導室將上述資源詳列於教師輔導工作手冊內,方便教師使用。教師對於運用社區輔導資源均有良好反應:

> 我請晨光媽媽跟小朋友一起看英語影片,看完後問問題,或是跟小朋友分享內容,我覺得這個效果滿不錯的!學生的秩序也比較能控制!【T931028】

> 我看到華光公德會不只是提供家裡比較貧困的學生物質上的資助,也會跟這些學生聊天,給他們更多的關心、照顧…真的相當難得!【T931119】

> 這次的週三進修請張老師來帶領小團體,感覺很不錯…老師用實例方式討論我們學校的個案,比較符合大家需求……【T931123】

　　教育部推動教訓輔三合一方案,是學校輔導工作的一大創見。個案國小在擬出具體方案與近一個學期的實施後,發現全校教師、行政人員與社區家長的知能均有所提昇;教師能將輔導理念融入教學歷程,對教學成效有所助益;行政各處室在規劃、辦理各項活動前能預先協調溝通,以學生輔導為出發點,讓學生潛能性向得以發展;積極引進社區輔導網絡資源,讓人、物力有限的個案國小得以擴充。教訓輔三合一方案的實施,使個案國小更朝向溫馨和諧、關懷成長具有輔導文化的學習型校園邁進。

第六章

結論與建議

本章首先提出研究結論，繼而提出相關建議。

<h2 style="text-align:center">第一節　結論</h2>

根據第本書的文獻探討與研究結果與討論，提出以下結論：

一、教訓輔三合一方案的意涵及相關理論

教育部為了減少學生因不適應課業產生偏差之行為，因而在1998 年教育改革措施提出教訓輔三合一方案。期盼經由學校教學、行政與社會資源的統整協調，給予學生更多的關注，幫助每一位學生能快樂學習、健康成長，並獲得應備的知識與能力。

教訓輔三合一方案的實施，主要建立在學習型組織、人文主義、學校本位精神與全面品質管理四項理論基礎上。實施此方案應奠基於此四項理論上，以學校為主體，彈性設計出符合「學校本位精神」之相關計劃，透過「學習型組織」共同提升教師輔導知能，在教學過程中引進社區輔導資源，增強輔導效能，並以「全面品質

管理」的科學方式，改變學校輔導文化、將輔導融入教學，重塑優質教育的學習環境，最後達到「人文主義」的最終目標——帶好每位學生。

二、教訓輔三合一方案在個案國小推動的歷程

本書中之個案國小自 2004 年 2 月初開始籌備，於同年 4 月底正式接獲教育局規定實施此方案，到 2004 年 12 月底結束，為期十一個月推動教訓輔三合一方案的歷程分為：觀念宣導、計劃擬定、執行推動。重要工作內容如下：（一）觀念宣導：行政人員在敏察到教師對實施此方案的態度漠然，便積極尋求改善之道，例如：運用教師晨會、校務會議多次宣導以及雙向溝通的教師專業對話，最後終獲全體教職員的共識與認同，全校積極參與熱心推動此方案。（二）計劃擬定：本書研究者先蒐集他校績優作法，經過教訓輔三合一方案執行小組成員共同討論後，配合個案國小之學校背景，最後擬定出適合個案國小之實施計畫。（三）執行推動：依照擬訂之計畫，逐一落實推動與實施，期間遇到諸多困境，均能提出解決方案，最後獲得推展效益。

行政人員的推動方案的措施包括：提昇教師輔導知能、建構教師專業分享環境、發展同儕督導機制、協助設計多元教學活動、引進社區輔導資源及建立資源共享機制等六項內容；教師的推動則著重在班級教學上，包括：輔導理念融入教學、有效班級經營、熱心認輔學生、運用班級家長資源四項作法。

三、個案國小實施教訓輔三合一方案的影響因素

　　本書發現，校長的介入與督導、主任的協調與規劃、教師的配合與執行與家長的支持與協助，是個案國小實施教訓輔三合一方案成敗的重要影響因素。校長是方案的督導者，對於改革理念的傳達與支持、能否強力整合學校行政工作，扮演著舉足輕重的角色，足以影響方案實施的成敗；主任是方案的規劃者，必須完全了解與掌握此方案的內容與施行的相關訊息，將他校績優作法再做深入、適合的轉化，讓執行的內容更貼近學校、老師、學生之需求，推動方案才容易成功；教師是方案的執行者，首先經由提昇自我的輔導專業知能，進而調整心態、真心實踐，將輔導融入教學，讓方案能更落實具體推動，師生皆受益，達到教育部推動此方案的目的；家長則是方案的協助者，也是最貼近學校的社區資源，若能體認親職教育的重要，主動積極參與學校事務，更能強化教訓輔三合一方案的推動功效。

四、個案國小實施教訓輔三合一方案的困境與因應策略

　　本書發現，個案國小在推動教訓輔三合一方案的歷程中曾遭遇諸多困境，包括：教師對方案的態度漠然與認知不足、教師輔導專業能力不足、教師時間不足，影響學生輔導的品質、教師評鑑制度建立仍有困難、家長參與意願雖已提昇但仍嫌薄弱、評鑑項目繁多引起行政人員抱怨，影響工作情緒，若不能改進，假以時日以後，將成為未來繼續推動此方案之阻力。

由於上述困境，個案國小發展因應策略，期望有效解決難題，包括：傾聽分享，注重雙向溝通、提昇教師輔導專業知能、整合校內外資源，鼓勵協同合作、循序漸進，從建立教師教學檔案做起、運用策略，鼓勵家長參與活動、因應評鑑，設置成果分享平台。由於因應策略的配合執行，不但解決個案國小推動方案遭遇之困境，也讓個案國小的學校輔導文化變得更積極、溫馨。

五、個案國小實施教訓輔三合一方案的效益

雖然本書中之個案國小在施行此方案的過程中遭遇諸多困境，經提出相關解決策略後，雖無法達到盡善盡美，但學校全體師生與職員確實獲得實質之效益。

首先是在學校行政方面：透過教訓輔三合一方案執行小組會議的召開，讓學校行政資源及活動得以統整，處室間聯繫溝通之機會增加，有利此方案與未來校務工作之進行；在教師方面：透過兼顧理論實務的教師專業進修、知識共享經驗交流與同儕督導制度的建立，不僅有效提昇教師的輔導專業知能，進而形成學習型組織，有助於教師之教學效能；在學生方面：因教師輔導專業知能的提昇，增進其情緒管理的智慧，有效改善師生情誼、促進師生互動機會與教師對學生之主動關懷認輔；在社區資源方面：由於促進家長參與學校事務、強化班親會運作功能與整合社區輔導資源的措施（例如：愛心導護商店、華光公德會與張老師心理諮商治療），讓學校與社區輔導資源的關係獲得改善，有助於日後輔導網絡資源的建立，替學生打造出更優質的學習環境。

第二節　建議

　　依據本書之結果與結論，分別就教育行政機關、學校及未來研究方向提出建議，以作為所有關懷實施教訓輔三合一方案者之參考。

一、教育行政機關

（一）持續實施與改進此方案，以提昇教訓輔三合一之教育效果

　　本書發現個案國小實施教訓輔三合一方案，有助於學校行政溝通協調、資源整合，教師輔導知能提昇、有效教學，學生獲得較多的關注，並積極開發、引進社區家長資源，對整體學校之校園文化皆有助益，值得陸續推動，建議教育行政機關持續推展實施並改進，以提昇教訓輔三合一之教育效果。

（二）統整改革方案，減輕行政負擔

　　現行教育改革繁雜多樣，讓人有政策像多頭馬車的感覺，若能將小班教學精神、九年一貫課程、學校本位課程及教訓輔三合一方案再次進行統整性的規劃，不但可以妥善規劃運用執行經費，亦可有效整合相關提昇教師知能之活動，學校方面更可以結合行政處室之力量，有效整合與推動相關教育改革方案，如此不僅可減少行政人員與教師的負擔，更重要的是更能發揮教改功能，學校與師生均受益。

（三）增加偏遠地區學校員額編制，提昇推動績效

教訓輔三合一方案需要學校全體教職員的共同投入與互相協助，但偏遠地區學校規模小，學校老師不但要從事基本之教學授課，還要兼辦課程設計規劃任務、以及其他無直接關聯於教學的行政工作，教師面臨時間不足的嚴重壓力，因而也降低了輔導的品質。建議教育行政機關可增加偏遠地區學校教師員額編制，擴充學校人力資源，讓教師有較充裕的時間從事教學與輔導工作，促進此方案的落實推動，使偏遠地區學校的學生獲得更妥善的照顧與學習。

（四）加強推動家長參與學校事務

隨著社會開放進步，家長參與學校教育已成為重要趨勢，顯示親師合作的時代已經來臨。但本研究發現，位處偏遠地區的個案國小，家長參與學校教育的情形仍不理想，不但學校辦理的研習參與意願低，甚至連班級召開之班親會，出席率也是有待改善，讓學校行政人員及教師常感無奈。建議教育行政機關能針對如何透過政策的訂定，加強推動家長參與，例如：逐步規劃家長知能成長與親職研習護照，以增進家長與學校關係，提昇親師互動機會，共同強化學生的學習輔導。

二、學校

（一）依照學校情境，擬定具體執行計畫

　　教訓輔方案是一項可因校制宜的彈性方案，學校成員應體認：唯有確實依照學校情境背景分析、考量學校各項資源，共擬具體執行計畫，才能符合此方案中以學校本位的基本意義與功能，此外亦可參考他校實施的困境作為警惕與借鏡，亦可以他校實施的效益作為鼓舞與推動的動力，如此更能有助於此方案之實施與推動。然而，若只是一味的完全移植複製他校的作法，不但無法切合學校需求，還可能會造成教訓輔方案執行小組組織與其運作喪失應有的功能。

（二）強化教師輔導知能，鼓勵舉辦教師輔導知能研習並建立教學與輔導檔案

　　教訓輔三合一方案主要目的在強化輔導學生，因此，在推動方案的歷程中，輔導知能的提昇是很重要的一環，學校可以舉辦週三教師專業進修、輔導專業對話、教學困境研討或是讀書會多種方式，來強化教師的輔導知能，有助教師將輔導倚念融入教學歷程中。另外，學校應鼓勵教師建立個人教學與輔導檔案，除了可以讓教師留下教學輔導紀錄，也可以留作檢討改進之參考依據。

（三）鼓勵教師以行動研究方式發掘實施困境

教師是教學的主導者，也是教訓輔三合一方案的第一線執行者，因此在從事與學生相關的教學與輔導過程中，教師若能將行動研究方式融入實際教學輔導中，不僅有助於提升教師專業知能，亦能有助於改進教師的教學與輔導，師生共同受益，此外教師在推動方案過程中，提供改進行動策略，亦能增加實施成效，並發掘問題，提出改進之道，也是成為教育部對教訓輔三合一方案不斷改進的最佳資料來源模式。

（四）結合輔導資源網絡，可強化輔導效能

由於政治民主化、社會多元化、經濟自由化等因素影響，個人價值觀與家庭功能似乎漸漸式微，相對的學校對學生輔導的工作更加吃重。不管是建立支持性輔導網絡（例如：家庭、親友或是家長會、宗教團體及其他社區資源等），或是矯治性輔導網絡（例如：醫療網絡、張老師、生命線、少輔會等），都能讓學校結合社區輔導資源，共同擔負輔導的責任，進而提昇輔導之成效，提供學生實質的協助，減少學生在學習過程中因不適應產生之偏差行為，達成教育部在教訓輔的教育目標。

三、未來研究

本書對未來研究提出下列建議：

（一）研究對象

本書以彰化縣一所偏遠地區的國小為研究對象，屬於六班之小型規模學校，未來研究者針對教訓輔相關研究議題時，可針對不同地區、不同類型之學校，研究其實施歷程、影響因素、效益與困境，比較其差異性。

（二）研究主題

本研究採用質性之行動研究探討個案國小實施教訓輔三合一方案之歷程、影響因素、困境與因應策略、效益，建議未來研究者可結合終身學習、社區總體營造與教訓輔相關方案或計劃等議題，進行探討與研究。

（三）研究方法

本研究採取質性之行動研究，建議未來研究者採質性與量化研究並重，深入探討教訓輔之相關研究議題，呈現質性與量化研究結果資料與結論建議，將有助相關單位在推動教訓輔相關方案或計劃時之參考資料。

參考書目

中華民國教育年報（1999）。國民教育，45-78。台北市：國立教育資料館。

王文科（1995）。教育研究法（四版）。台北市：五南。

王佳煌、潘中道等譯（2002）。《當代社會研究法──質化與量化途徑》。（譯自 W. Lawrence Neuman 原著，"Social Research Methods: Qualitative and Quantitative Approaches"）

王家通、曾燦燈（1988）。《教育行政學──理論、研究與實際》。高雄市：復文。

王澤瑜（2004）。台南市國民小學推展「建立學生輔導新體制─教學、訓導、輔導三合一整合實驗方案」實施現況之研究。國立中山大學教育研究所未出版碩士論文。

成虹飛（1999）。我為何要做行動研究？一種研究關係的抉擇。1999 國際行動研究學術研討會論文彙編。

江連君（2003）。偏遠小學學校本位課程發展之行動研究──以嘉義縣大湖國小為例。國立嘉義大學國民教育研究所未出版碩士論文。

行政院教育改革審議委員會（1996）。第三期諮議報告書。台北市：行政院。

何進財（1999）。教、訓、輔三合一方案實施策略與未來展望。訓育研究，38（1），1-10。

余漢儀（1998）。社會研究的倫理。載於嚴祥鸞（編）：《危險與秘密──研究倫理》，1-29。台北市：三民。

吳文賢（2001）。落實三合一方案的最基礎工作──提升教師輔導知能。教師天地，110，43-45。

吳明隆（2001）。教育行動導論──理論與實務。台北市：五南。

吳武典（1983）。學校輔導工作。台北市：心理。

吳秉恩（1986）。組織行為學。台北市：華泰。

吳芝儀、李奉儒譯（1995）。質的評鑑與研究。（譯自 Michael Quinn Patton 原著，"Qualitative Evaluation and Research Methods"）。台北市：桂冠。

吳清山（1996）。學校行政。台北市：心理。

吳清山（1998）。學校效能研究。台北市：五南。

吳清山（2002）。教訓輔三合一整合實驗方案的理念與策略。載於高雄市九十一年建立學生輔導新體制研討觀摩會手冊。高雄市：高雄市政府。30-33。

吳清山、林天祐（1994）。全面品質管理及其在教育上的應用。《初等教育學刊》，3，1-28。

吳清山、曾燦金（1995）。教育名詞淺釋──學校本位管理。《教育資料與研究》，4，64。

吳榮鎮（2002）。知識經濟時代的學校經營策略──「建立學生輔導新體制－教學、訓導、輔導三合一整合實驗方案」的時代意義與展望。《政策解析》，79。22-30。

吳錫鑫（2003）。教學、訓導、輔導三合一方案試辦學校輔導文化之研究。國立新竹師範學院輔導教學碩士班未出版碩士論文。

吳璧如（1990）。國民小學組織文化與組織效能關係之研究。國立高雄師範大學教育研究所未出版碩士論文。

呂生源（1999）。國民小學行政組織再造之研究。國立臺灣師範大學教育研究所未出版碩士論文，台北市。

李有在（1999）。輔導新體制應有的配套措施。師說，132，51-52。

李錫津（2001）。教訓輔三合一的心念。教師天地，110，4-16。

沈浪（2004）。教、訓、輔三合一理念的落實。師友月刊，439。

林天祐（1998）。全面品質管理與學校行政革新。教育資料與研究，11，40-48。

林志成（1992）。組織文化理論在國民小學行政的應用。國教世紀，27（5），41-47。

林春慧（2003）。國民小學團隊學習與教師專業成長之研究。國立屏東師範學院國民教育研究所未出版碩士論文。

林慶國（2000）。從系統思考的觀念談建立教、訓、輔三合一的新體制。學生輔導，68，114-119。

法務部（2004a）。九十二年少年兒童犯罪概況及分析。瀏覽日期：2004年 7 月 15 日。取自：http://www.moj.gov.tw。

法務部（2004b）。教師法。瀏覽日期：2004 年 7 月 28 日。取自：http://law.moj.gov.tw。

侯崇文（2003）。青少年犯罪問題與政策現況。刑事政策與犯罪研究論文集（六）：131-148。法務部。

柯禧慧（1999）。從教訓輔三合一新體制所面臨的困境談輔導處的具體做法。台灣教育，584，6-10。

胡幼慧、姚美華（1996）。一些質性方法上的思考。載於胡幼慧（編）：質性研究—理論、方法及本土女性研究。台北市：巨流。141-158。

夏林清（1997）。行動研究方法導論—教師動手做研究。台北市：遠流。

高敬文（2000）。教育行動研究。屏東縣八十九學年度九年一貫課程研習活動，屏東縣。

商嘉昌（1994）。中途輟學與青少年犯罪—以新竹少年監獄為例。國立政治大學社會學系未出版碩士論文。

張信務（2001）。『帶好學生總動員』—談教訓輔三合一。教師天地，110，46-51。

張德銳（1990）。組織文化析論。國立編譯館館刊，19（1），185-209。

教育部（1998a）。教育改革行動方案。台北市：教育部。

教育部（1998b）。建立學生輔導新體制—教學訓導輔導三合一整合實驗方案。台（87）訓（三）字第八七〇九一六四〇號函。台北市：教育部。

教育部（1998c）。教育改革行動方案經費需求彙整表。瀏覽日期：2004年 7 月 15 日。取自：http://www.edu.tw/。

教育部（1999）。建立學生輔導新體制—教學訓導輔導三合一整合實驗方案。訓育研究，38（1），11-12。

教育部（2004）。國民小學與國民中學班級編制及教職員員額編制標準。瀏覽日期：2004 年 7 月 28 日。取自：http://www.edu.tw。

許興讓（1997）。偏遠地區圖書館的經營之道—以澎湖縣湖西鄉為例。書苑季刊，32，84-97。

郭為藩（1993）。科技時代的人文教育。台北市：幼獅文化。

郭耀隆（1999）。國民小學親師合作之個案研究—個班級之個案研究。國立嘉義師範學院國民教育研究所未出版碩士論文。

陳天竹（1990）。加強偏遠地區國民教育，貫徹教育機會均等。台灣教育，
　　474，21-24。

陳仕宗（1994）。偏遠國小學生學業成就的社會環境因素之探討。國立政
　　治大學教育學系未出版博士論文。

陳伯璋（1990）。教育研究法的新取向—質的研究法（增訂版）。台北市：
　　南宏。

陳伯璋（2004）。「邁向新世紀的課程」—九年一貫課程的理念、內涵與
　　評析。瀏覽日期：2004年9月30日。取自：http://content.edu. tw/primary。

陳金貴（1994）。全面品質管理在公共部門的應用。行政學報，26，77-108 。

陳彥佑（2004）。虛擬新聞室作業管理之前饋與回饋機制—行動研究之觀
　　點與實踐。國立交通大學傳播所未出版碩士論文。

陳根深（2003）。國民小學行政組織結構調整對學校效能影響之研究—以
　　教訓輔三合一整合實驗方案為例。國立台北師範學院國民教育研究所
　　未出版碩士論文。

陳惠邦（1998）。教育行動研究。台北市：師大書苑。

陳麗珠（1998）。台灣省教育優先區計畫與實施之評估研究：教育機會均
　　等理念之實踐。台灣省政府教育廳委託專案研究報告，未出版。

傅木龍（1999）。論教訓輔三合一輔導新體制之理論基礎及其對學務工作
　　發展之啟示。訓育研究，38（1），14-24。

曾士杰（1996）。偏遠地區的身心障礙教育。東台灣研究，1，29-45。

曾榮華（1996）。應用全面品質管理觀點提升學校營繕工程品質。載於中
　　華民國學校建築研究學會（主編），教學革新與環境規劃，85-104。
　　台北市：國立教育資料館。

黃正鵠（2001）。教訓輔三合一體制的理念與實踐—本會「落實人為教育，
　　強化校園倫理」學術研討會專題報告。訓育研究，40（2），51-56。

黃光雄主譯（2001）。質性教育研究理論與方法。（譯自 Robert C. Bogdan
　　& Sari Knopp Biklen 原著，"Qualitative Research Education: An
　　Introduction to Theory and Methods《Third Edition》"）。嘉義市：濤石。

黃勝發（2002）。高雄市國小教師運用網路進修參與動機與障礙因素之研
　　究。國立高雄師範大學資訊教育研究所未出版碩士論文。

黃瑞琴（1999）。質的教育研究方法。台北市：心理。

黃德祥（1995）。學習輔導與學生發展。學生輔導，38，22-31。

楊昌裕（2000）。教訓輔層面的師生關係。訓育研究，39（2），50-56。

楊春生（2001）。教訓輔三合一整合實驗方案方案對試辦學校組織文化影響之研究。國立台北師範學院國民教育研究所未出版碩士論文。

楊曙銘（1998）。少年殺人犯罪之研究。國立中正大學犯罪防治研究所未出版碩士論文。

葉連祺（2000）。中小學教師行動研究策略之探討。教育資料與研究，35，10-15。

廖建溢（2003）。國小教師對「教學、訓導、輔導三合一整合實驗方案」的認知及工作壓力關係之研究。國立嘉義大學國民教育研究所未出版碩士論文。

廖榮利（1981）。臺灣偏遠地區的社會福利。人與社會，8（2），40-46。

廖鳳池（1993）。推展小學輔導工作的課題與方向。諮商與輔導，82，43-45。

彰化縣政府（2003）。彰化縣九十一學年度建立學生輔導新體制資料專輯。VCD 版。

彰化縣教育局（2004）。彰化縣國民小學行政組織設置標準表。瀏覽日期：2004 年 7 月 30 日。取自：http://www.boe.chc.edu.tw。

彰化縣教育局（2005）。彰化縣國民小學教師每週授課節數訂定實施要點。瀏覽日期：2005 年 6 月 3 日。取自：http://www.boe.chc.edu.tw。

甄曉蘭（1995）。合作行動研究——進行教育研究的另一種方式。嘉義師院學報，9，197-318。

甄曉蘭（2003）。課程行動研究—實例與方法解析。台北市：師大書苑。

劉仲成（2004）。從全面品質管理觀點—探索學校行政。瀏覽日期：2004 年 8 月 12 日。取自：http://www.naer.edu.tw/issue/J1/v18n4/60.htm。

蔡光昭（1998）。偏遠地區醫療問題探討——以恆春地區為例。醫院，31（1），29-36。

蔡純姿（2002）。生活輔導的另類視野——從教訓輔三合一談起。學生輔導通訊，83，48-59。

蔡培村（2001）。教訓輔三合一的理論基礎。教師天地，110，6-16。

蔡清田（2000）。教育行動研究。台北市：五南。

蔡德輝、楊士隆（1999）。台灣地區少年強姦犯、非暴力犯及一般少年犯罪危險因子之比較研究。臺灣社會問題研究學術研討會論文。29-30。

鄭崇趁（2000a）。教訓輔三合一的主要精神與實施策略。學生輔導，66，14-25。

鄭崇趁（2000b）。訓輔整合的前題與作法。學生輔導通訊，71，4-7。

鄭崇趁（2001）。經營一個具有輔導文化的學校-教訓輔三合一方案的時代任務。學生輔導，70，4-11。

鄭進丁（2003）。教訓輔三合一之理論與實踐。高雄市：高雄市教育局。

鄭增財（2002）。勒溫與行動研究的早期發展。商業職業教育季刊，86，23-28。

盧美貴（2000）。教育行動研究—學校本位課程發展的關鍵。教師天地，105，27-35。

聯合新聞網（2004）。窮鄉僻校孩子漸漸愛看書。瀏覽日期：2004 年 8 月 6 日。取自：http://www.udn.com/2004/5/26/NEWS/NATIONAL/NAT4/。

韓瑞霞（2001）。國民小學教師對「建立學生輔導新體制——教學、訓導、輔導三合一整合實驗方案」認知與實施成效研究。臺北市立師範學院國民教育研究所未出版碩士論文。

簡毓玲、張秋華（2001）。台北市國語實驗國民小學建立學生輔導新體制實驗結果暨「行政組織架構」調整之研究。教師天地，110，52-57。

鐘炳雄（2003）。輔導專司人員不可少。師友月刊，436。

Bonsting , J. (1992). *Schools of Quality:An introduction to total quality management*. Washington, D.C.:Association for Supervision and Curriculum Development.

Cohen, L., & Manion , L. (1985). *Research methods in education* (2nd). London: Croom Helm

Glesne , C.,& Peshkin , A. (1992). *Becoming qualitative researchers: An introduction*. Longman, White Plains, NY, 1992.

Hawkins , P. (1997). Organizational culture: Sailing between evangelism and complexity. *Human Relations, 50*(4), 417-440.

Kano , N. (1993). A perspective on quality activies in American firms . *Carifornia Management Review, 35* (3),31-37.

Linde , C.H.V.D. (1998). Clinical supervision in teacher evaluation: A pivotal factor in the quality management of education. *Education Chula Vista, 119*(2).328-334.

Torbert , W. R, (1976). *Creating a community of inquiry: Conflict, collaboration*, transformation.London: John Wiley & Sons.

Reason , P.(1988). *The co-operative inquiry group*. In Peter Reason (Ed.). *Human inquiry in action: Developments in new paradigm research.* London: SAGE.

Sallis, E. (1993). *Total quality management in education.* London: Kogan Page.

Senge, P. (1990). *The fifth discipline: The art and practice of learning organization.* N. Y.: Dubleday Co.

國家圖書館出版品預行編目

施行教育、訓導與輔導方案經驗：以台灣彰化縣
個案為例 / 林美惠、陳靜玉、莊財福著. --
一版.-- 臺北市：秀威資訊科技, 2010.06
　面；　公分. -- (社會科學類 ；AF0131)
BOD 版
參考書目：面
ISBN 978-986-221-387-2 (平裝)

1.學校管理　2.訓導　3.教學輔導　4.初等教育
5.彰化縣

523.6　　　　　　　　　　　　　　98025010

社會科學類　AF0131

施行教學、訓導與輔導方案經驗：
以台灣彰化縣個案為例

作　　者 / 林美惠、陳靜玉、莊財福
發 行 人 / 宋政坤
執行編輯 / 邵亢虎
圖文排版 / 郭靖汶
封面設計 / 陳佩蓉
數位轉譯 / 徐真玉　沈裕閔
圖書銷售 / 林怡君
法律顧問 / 毛國樑　律師
出版印製 / 秀威資訊科技股份有限公司
　　　　　　台北市內湖區瑞光路 583 巷 25 號 1 樓
　　　　　　電話：02-2657-9211　　　傳真：02-2657-9106
　　　　　　E-mail：service@showwe.com.tw
經 銷 商 / 紅螞蟻圖書有限公司
　　　　　　台北市內湖區舊宗路二段 121 巷 28、32 號 4 樓
　　　　　　電話：02-2795-3656　　　傳真：02-2795-4100
　　　　　　http://www.e-redant.com

2010 年 6 月 BOD 一版
定價：270 元

讀　者　回　函　卡

感謝您購買本書，為提升服務品質，煩請填寫以下問卷，收到您的寶貴意見後，我們會仔細收藏記錄並回贈紀念品，謝謝！

1.您購買的書名：＿＿＿＿＿＿＿＿＿＿＿＿＿＿＿＿

2.您從何得知本書的消息？

　　□網路書店　□部落格　□資料庫搜尋　□書訊　□電子報　□書店

　　□平面媒體　□ 朋友推薦　□網站推薦　□其他＿＿＿＿＿＿

3.您對本書的評價：(請填代號　1.非常滿意 2.滿意 3.尚可 4.再改進)

　　封面設計＿＿＿　版面編排＿＿＿　內容＿＿＿　文/譯筆＿＿＿　價格＿＿＿

4.讀完書後您覺得：

　　□很有收獲　□有收獲　□收獲不多　□沒收獲

5.您會推薦本書給朋友嗎？

　　□會　□不會，為什麼？＿＿＿＿＿＿＿＿＿＿＿＿＿＿＿＿＿＿

6.其他寶貴的意見：＿＿＿＿＿＿＿＿＿＿＿＿＿＿＿＿＿＿＿

＿＿＿＿＿＿＿＿＿＿＿＿＿＿＿＿＿＿＿＿＿＿＿＿＿＿＿＿＿

＿＿＿＿＿＿＿＿＿＿＿＿＿＿＿＿＿＿＿＿＿＿＿＿＿＿＿＿＿

＿＿＿＿＿＿＿＿＿＿＿＿＿＿＿＿＿＿＿＿＿＿＿＿＿＿＿＿＿

讀者基本資料

姓名：＿＿＿＿＿＿＿＿＿＿　年齡：＿＿＿＿　性別：□女 □男

聯絡電話：＿＿＿＿＿＿＿＿　E-mail：＿＿＿＿＿＿＿＿＿＿

地址：＿＿＿＿＿＿＿＿＿＿＿＿＿＿＿＿＿＿＿＿＿＿＿＿

學歷：□高中(含)以下　□高中　□專科學校　□大學

　　　□研究所(含)以上 □其他＿＿＿＿＿＿＿＿

職業：□製造業 □金融業 □資訊業 □軍警 □傳播業 □自由業

　　　□服務業 □公務員 □教職　□學生 □其他＿＿＿＿＿＿

To：114

台北市內湖區瑞光路 583 巷 25 號 1 樓

秀威資訊科技股份有限公司　　　收

寄件人姓名：

寄件人地址：□□□

(請沿線對摺寄回,謝謝!)

秀威與 BOD

BOD（Books On Demand）是數位出版的大趨勢，秀威資訊率先運用 POD 數位印刷設備來生產書籍，並提供作者全程數位出版服務，致使書籍產銷零庫存，知識傳承不絕版，目前已開闢以下書系：

一、BOD 學術著作—專業論述的閱讀延伸
二、BOD 個人著作—分享生命的心路歷程
三、BOD 旅遊著作—個人深度旅遊文學創作
四、BOD 大陸學者—大陸專業學者學術出版
五、POD 獨家經銷—數位產製的代發行書籍

BOD 秀威網路書店：www.showwe.com.tw
政府出版品網路書店：www.govbooks.com.tw

　　永不絕版的故事・自己寫・永不休止的音符・自己唱